# 孩子的成長只有一次

別錯過孩子成長的
34件事

國家圖書館出版品預行編目資料

孩子的成長只有一次：別錯過孩子成長的34件事 / 李蓓恩編著. -- 初版. -- 新北市：雅典文化, 民105.12 面； 公分. -- (親情滿分；1)

ISBN 978-986-5753-75-7(平裝)

1.親職教育 2.子女教育

528.2　　105019588

親情滿分系列 01

孩子的成長只有一次：別錯過孩子成長的34件事

編著／李蓓恩
責編／廖美秀
美術編輯／姚恩涵
內文插圖／倉鼠吉

法律顧問：方圓法律事務所／涂成樞律師

總經銷：永續圖書有限公司
永續圖書線上購物網
www.foreverbooks.com.tw

CVS代理／美璟文化有限公司
TEL：(02) 2723-9968
FAX：(02) 2723-9668

出版日／2016年12月

出版社
22103 新北市汐止區大同路三段194號9樓之1
TEL (02) 8647-3663
FAX (02) 8647-3660

初生的孩子像是一張白紙，從簡單的一筆到最後成為絢麗的一幅畫，拿畫筆的不光有孩子還有我們家長，而家長手中的那枝筆，畫的正是這幅畫的基調。

沒有任何一個孩子會真的願意去犯錯，他們的錯誤根源或多或少的都會折射出家長的身影。有的是內在的因素，有的是外在的因素，當我們在責罵孩子的時候，是否想到我們本身的問題。

我們都知道孩子是會長大的，但我們真的做好了陪伴孩子長大的所有準備了嗎?是不是真的知道怎樣的教育對孩子才是最好的呢?

要是你還沒有做好這種準備，看完這本書，我想你會找到各年齡層孩子的特質解藥的。

# 目錄

## Chapter 1
## 收好爸媽的壞習慣



## Chapter 2
## 拿捏好孩子的界限分寸



## Chapter 3
## 你有你的習慣，我有我的嗜好

## Chapter 4
# 和孩子一起慢慢長大



## Chapter 5
# 爸媽的觀念怎麼這樣

# 目錄

Chapter 6

## 拜託！我知道自己該怎樣讀書



Chapter 7

## 分享孩子成長的煩惱和心情

# Chapter 1

# 收好爸媽的壞習慣

習慣是我們在日常生活中，一點一滴積累下來的，也正是因為這樣，習慣深深的烙印在我們的骨子裏，不是輕易就能改掉的。

但不能改掉，並不代表我們不能控制它，特別是我們的壞毛病。

尤其是我們家長的壞毛病。

我們經常說：父母是孩子的第一個老師，孩子透過家長的言傳身教，學會自己人生中的第一次。而且，孩子不會分辨什麼是好，什麼是壞，對於家長教的，只會全盤接受。

所以身為家長的你，收好自己的壞習慣，就顯得格外重要了。

# 1. 爸爸也有健忘時

晚上，紫郁早早地就開始收拾起自己的背包，「吃的，麵包帶了，水帶了，水果帶了；用的，帽子帶了，手帕帶了，還有什麼沒有帶呢？對了，要餵小動物吃的餅乾！」紫郁突然想到了什麼，轉身跑去找媽媽。

「媽媽，明天要給小動物吃的餅乾放在哪裡，快拿給我，你放在哪裡了啊！」紫郁急著問著媽媽，還沒有等到媽媽的回覆，紫郁已經開始自己動手翻了起來。很快，紫郁就把客廳翻的亂七八糟了。

聞聲走過來的媽媽，看見客廳裏的一切，又是好氣又是好笑。「紫郁，明天才要去動物園，等早上起床後再準備都還來得及，你這麼早準備幹什麼啊！」媽媽一邊收拾著紫郁的爛攤子，一邊告誡著紫郁。

## 收好爸媽的壞習慣

「不行啦！要是明天忘了帶怎麼辦啊，一定要提早做好準備，媽媽你說對不對，這也是你教我的啊！」紫郁撒嬌的搖著媽媽的胳膊，不停的晃來晃去。

「你呀！真是被你打敗了，算你會說話。」媽媽撲哧一聲笑了出來，「餅乾在櫃子上面，媽媽拿給你。」

「謝謝，媽媽。」拿到餅乾的紫郁，對著媽媽甜甜的一笑，蹦蹦跳跳的又回去準備東西了。

看著紫郁這麼快樂的樣子，媽媽也十分高興。

再三檢查後，確定沒忘了帶任何東西的紫郁，大聲的喊著：太好了，終於都準備好了，就等爸爸明天帶我們去動物園了。奇怪，爸爸呢？這麼晚了爸爸怎麼還沒有回來，紫郁突然想起明天的另一個主角。

「媽媽，媽媽，爸爸呢，爸爸怎麼還沒有回來啊！」紫郁又去纏著媽媽了。

「紫郁，爸爸今天有應酬，會晚一點回來。你要不要先去睡覺，明天才有精神和爸爸一起去動物園。」媽媽對紫郁說道。

「真的嗎？爸爸不會忘了吧！這麼晚還不回來。」紫郁又點不安的問道。

「不會的，這件事情，爸爸不是很久以前就跟你說好了嗎？爸爸答應你的事情，是不會忘記的。紫郁先去睡覺，睡飽了，明天才有精神玩啊！」媽媽安慰紫郁說。

「那好吧！我先去睡覺，爸爸回來時一定要提醒爸爸喔！」紫郁再三的強調。

「好，知道了，乖，去睡了啊！」終於媽媽把紫郁勸上了床。

一早，天還沒有亮，紫郁就興奮得睡不著覺了。起來後的第一件事情，就是找爸爸，紫郁準備去叫爸爸起床。

但爸爸呢？爸爸跑到哪裡去了，紫郁找遍了家裏的每一個地方，都沒有找到。難道爸爸今天不帶我去動物園了嗎？想到這，紫郁蹲在地上，哇哇大哭起來。

# Chapter 1

## 收好爸媽的壞習慣

哭聲把媽媽驚醒，看見紫郁蹲在地上哭，媽媽慌忙的把紫郁抱了起來，連忙問：「紫郁，你怎麼了？為什麼哭呢！」

「爸爸，爸爸呢？爸爸怎麼不在家！爸爸是不是不帶我去動物園了！」紫郁越哭越大聲。

看到這，媽媽有點猶豫。原來昨晚，爸爸很晚才回家，當媽媽跟爸爸提起這件事情的時候，爸爸才驚呼道，自己忘了。而且也和同事約定好了今天的洽公行程，是不能更改的，所以爸爸決定今天不陪紫郁去動物園了。

因為事情緊急，一大早爸爸就出門了，臨走前還特別囑咐要媽媽好好跟紫郁解釋一下。但這要怎樣跟紫郁解釋呢？媽媽看著一旁嚎啕大哭的紫郁，真不知該怎麼跟紫郁說。

「紫郁，爸爸今天有點急事，所以不能陪你去動物園了，媽媽陪你去好不好。」媽媽小心的向紫郁解釋。

「不，你說謊，爸爸一定是忘了和我的約定，他一定是忘了，我只要爸爸陪我去，爸爸要是不去，我也不去了。你們都在騙我，我討厭你們！」紫郁生氣地對著媽媽大喊道。說完，一轉身回到了自己的房間，「砰」的一聲，狠狠地關上了門。

「紫郁，紫郁！」媽媽著急的敲著紫郁的房門，但裏面只傳來紫郁的哭聲。

聽著紫郁哭得這麼傷心，絲毫不聽她的話，只好等紫郁平靜一會兒，再和紫郁談。但這一等，就是老半天。一直到了中午，紫郁才從自己的房間裏走了出來。

媽媽把紫郁抱在懷裏，溫柔和緩地問紫郁，「哭完了嗎？紫郁，能和媽媽談談嗎？」

可是紫郁低著頭，對媽媽的話，一點兒都沒有表示。

看到這兒，媽媽有點無奈，決定還是把實話都告訴紫郁。

「紫郁，你應該知道爸爸的公司很忙啊！所以有些時候就會有點健忘。今天的事情也是這樣，爸爸忘了和紫郁的約定，但當爸爸想起和你的約定的時候，已經和別的叔叔也有了約，不能推掉了。所以爸爸說，下周再帶你去動物園玩，好不好啊！」媽媽努力的想把話說得婉轉一點。

但良久，紫郁都沒有說過一句話。

過了一會兒，紫郁靜靜的掙脫了媽媽的懷抱，面對媽媽，平靜的說：「你們都是大騙子，我再也不要理你們了。」接著就又回到了自己的房間。

一開始，媽媽以為孩子只是耍耍小脾氣，可任她好說歹說，直到黃昏時分孩子也沒有走出房門一步。

這回媽媽真的著急了，急忙叫回了人在外面的爸爸。

但紫郁說什麼也不再願意相信爸爸媽媽的話了。

這次的「忘記」在孩子的心中，造成了難以撫平的傷害。

## 特質解藥

家長經常會用「忙」、「忘了」之類的詞語，來掩飾自己的失誤。但當你「忘記」的次數太多的時候，你也同時會被孩子「忘記」的。孩子「忘記」的不僅僅是你的人，更多的是對你的信心，和對孩子造成的傷害。

# 2. 抵消過失的語言藝術

「你在說什麼，這怎麼會是我的錯，這明明是你自己的錯，你不要把自己的過錯扯到我的頭上來，我是不會接受的！」

「什麼！做錯了你還不承認！這種日子還有辦法過下去嗎？」

「對，你說的對，這種日子的確是沒有辦法再過下去了。」

「這話可是你說的啊！好，明天，我們就去辦離婚。」

「好啊，離就離，反正這樣的日子我也厭煩了，明天就去辦離婚！」

爸爸媽媽的爭吵還在繼續著，但誰都沒有發現，門口有一個小小的身影站立著。

芸釉站在門口，當聽到爸爸媽媽說要離婚時，身體明顯的顫抖了一下。

爸爸媽媽要離婚了嗎？什麼是離婚呢？是爸爸媽媽都不要我的意思嗎？為什麼他們會不要我呢？是不是我做錯了什麼？那我到底做錯了什麼呢？

誰也沒有發現，芸釉的眼角流著淚。

早上起來的爸爸媽媽，自然陷入了冷戰，這讓芸釉更加顯得惶恐起來。

媽媽爸爸下一步會宣佈不要自己嗎？這個念頭在芸釉的腦海裏不停的出現。自己應該怎麼辦呢？爸爸媽媽會不會遺忘了自己呢？不，我不要被爸爸媽媽遺忘。但怎樣才能讓爸爸媽媽注意到我呢？芸釉的心思轉個不停。

心不在焉的芸釉，一不小心手中的碗掉落在地上，「砰」的一聲，摔成了四五瓣，這讓芸釉的心又揪了一下。完了完了，爸爸媽媽一定會罵我，會生氣，更不想要我了，我該怎麼辦呢？

看著地上的碎片，芸釉恍了神，連忙蹲下想撿起碎片。

「芸釉，你不要動，小心割到手。」芸釉沒有想到，著急的反而是爸爸媽媽。媽媽連忙拉起芸釉，而爸爸開始收拾碎片。

爸爸媽媽開始注意我了，那是不是表示他們不會不要我啊！那是不是只要我犯錯，爸爸媽媽就不會不要我，不會離婚了呢？

幼小的芸釉用自己的想法，理解著大人的言語。

從這天開始，媽媽爸爸就發現家裏的碗筷總是被芸釉不小心弄壞了，要不就是其他的東西又出了什麼問題，這讓爸爸媽媽很納悶，但也沒有多想。

有一次，媽媽卻偶然發現，芸釉背著他們正在廚房摔盤子，這讓媽媽十分吃驚。

「芸釉，你這是在幹什麼？」媽媽一把搶過了芸釉手中的盤子，大聲訓斥道。

「我，我……」芸釉的話，還沒有說出口，眼淚已經掉了下來。

「別哭，媽媽不是想罵你，只是想知道你為什麼要這樣做。」媽媽擦乾孩子臉上的眼淚，溫柔的問著。

「我不這麼做的話，你們就都不要我了。」哭泣的芸釉告訴媽媽。

「不要你？芸釉你怎麼會這麼想呢？你是媽媽爸爸的心肝寶貝，我們怎麼會不要你呢？」媽媽的心中充滿了疑惑，她不明白為什麼芸釉會這樣想。

「我都知道了，你們就是不想要我了，那天我都聽到了！」芸釉的話讓媽媽心中一緊。

「聽到，你聽到什麼了啊？」媽媽連忙追問道。

「那天晚上，你和爸爸吵架，說要離婚，離婚不就是不要我了嗎？我都知道了，你們不要騙我。」抹掉眼淚的芸釉，一臉倔強的看著媽媽。

「那這和你摔盤子有什麼關係呢？」聽著芸釉敘述的媽媽，後悔無比，沒想到夫妻間吵架的負氣話，會給孩子帶來這麼大的影響。但她還是不明白這和芸釉摔盤子有什麼關係。

「第二天早上，我不小心把碗摔破了，你和爸爸不僅沒有罵我，還很緊張的關心我。我想這都是碗被摔破的關係，這樣你們就會注意我，不會不理我了。」芸釉一本正經的的回答媽媽。

看著孩子清澈的目光，媽媽十分的羞愧，把芸釉緊緊的抱在懷中。

「不，芸釉，媽媽和爸爸從來就沒有想過不要你。」媽媽用誠懇的語氣安慰著芸釉。

「你騙人，我不相信。」芸釉掙扎出媽媽的懷抱，生氣地看著媽媽。

「芸釉，媽媽沒有騙你，那些話都是媽媽和爸爸生氣的時候說的，那都不是真的。」媽媽的話語還是沒有帶來任何的效果。

「你騙人，你就是騙人！」芸釉生氣地捂著耳朵，大喊道。

正當媽媽措手無策時，一件事情突然浮現在媽媽的腦海中，讓媽媽頓時有了主意。

「芸釉，你今天有和隔壁的奕婷一起出去玩嗎？」媽媽笑著問芸釉。

「有啊，我們還一起玩溜滑梯呢！」芸釉有些納悶媽媽的突然發問。

「那你還記不記得前兩天，你和奕婷吵架的事情呢？」媽媽繼續問著。

「記得啊，我不是常和奕婷吵架嗎？這又沒什麼。」芸釉有些不以為然。

「那你還記不記得你和奕婷說了一些什麼呢？」看著芸釉疑惑的表情，媽媽笑了，「我可是記得有個人很生氣的說，以後再也不理奕婷了，再也不和奕婷玩了呢！」

「那是我生氣吵架的時候說的，不算數。」芸釉有些不好意思起來。

「噢，是嗎？不算數？」媽媽打趣道。

「那是我沒有想就說出來的，其實我從來就沒有想過不再和奕婷玩。」芸釉的臉都開始紅了起來。

「那你有沒有想過，爸爸媽媽就像你和奕婷一樣呢？」媽媽的一句話把芸釉帶入了沉思。

「一樣嗎？」芸釉歪著腦袋，看著媽媽。

「你想想啊！媽媽和爸爸，你和奕婷，不都是因為吵架，才說分手的嗎？但你和奕婷不是很快就和好，在一起了嗎？媽媽和爸爸也是這樣，不要把生氣吵架的話，放在心中，好不好，你看，你和奕婷今天不是又在一起玩了嗎？媽媽和爸爸也是一樣哦！」媽媽進一步的打消掉芸釉的疑惑。

「那是不是說，媽媽爸爸也和我跟奕婷一樣，沒有事情，又在一起玩了呢？」

芸釉小心的問著媽媽。

「對啊，你看這兩天，媽媽和爸爸不是沒有再吵架了，還和芸釉一塊玩嗎？」

看著芸釉，媽媽笑了。

「那你們還要芸釉嗎？」芸釉還是有點不放心。

「當然要了，小傻瓜。」媽媽笑著捏著芸釉的鼻子。

「太好了，太好了。」芸釉高興的跳了起來。

## 特質解藥

孩子敏感、多疑，一個細小的風吹草動，都會讓他們緊張，尤其是在父母方面。父母是接觸孩子時間最長的人，父母親的一言一行也都在影響著孩子。

而孩子幼嫩的心靈，除了要有我們行動的呵護外，還有語言的安撫。語言是生活中重要的一部分，我們透過它跟所有的人進行溝通，學會語言的藝術就成了教育中的重點。

# 3. 模仿髒話的孩子

「滾，老李，你在說什麼啊！有人像你這樣開玩笑的嗎！你找死啊！要是你下回再開這樣的玩笑，被我聽到，小心我見你一回揍你一回啊！哈哈哈！」和同事老李打著電話的爸爸笑的樂不可支。

「小鬼，你找死啊！又偷騎你爸的摩托車！小心我告訴你爸！」爸爸笑著訓斥著隔壁的大哥哥。

「你怎麼這麼笨，這種題目都會算錯，找死啊！」爸爸生氣地對翰淇說。

「去死吧！」這是短短半個小時的時間裡，爸爸說的第三次了。

「去死吧！是什麼意思，死又是什麼，是好話還是壞話呢？為什麼爸爸高興也說，不高興也說啊！」翰淇的心中充滿了不解。

「媽媽，『去死吧』是什麼意思啊？為什麼爸爸總說這句話？」翰淇跑過去問媽媽。

「這個的意思就是……」媽媽也不知道這句話該怎麼解釋才好。

媽媽考慮再三，才說：「這個是你爸爸的一種表達方式，沒有任何意思，就是你爸爸的一個口頭禪。」

「口頭禪又是什麼？沒有任何意思，爸爸為什麼要一直說啊！」翰淇接著問。

「這個，這個……」媽媽有些詞窮了，「這要怎麼解釋呢？」

被問住的媽媽，不知該如何回答孩子的問題。

「翰淇如果想知道就去問爸爸，好不好？」實在不知道該如何解釋的媽媽，看著翰淇一付打破砂鍋問到底的樣子，只好把皮球踢給了爸爸。

「是嗎？說的也對！這話是爸爸常說的，問爸爸就知道了。」想到這的翰淇，連忙去找爸爸，想問個明白。

「爸爸，爸爸『去死吧』是什麼意思，為什麼你經常說呢？」翰淇拉著爸爸的衣角問道。

「小孩子，問這個幹什麼？」爸爸很是奇怪，「這和你又沒有什麼關係，你問它幹什麼？」正在看報紙的爸爸，沒有搭理翰淇。

「我想知道啊，媽媽說這是你的口頭禪，那什麼是口頭禪啊！」翰淇不放棄。

「小孩子，問這個幹什麼，你想知道什麼啊？」被翰淇一個勁追問的爸爸終於被問煩了，放下了報紙。

「你說過，有不懂得地方就要問啊，你不是常常教我嗎？」翰淇噘者小嘴，有些不高興，「難道你都是騙我的嗎？」

看著翰淇的表情，又聽見翰淇把他經常教育翰淇的話搬了出來，爸爸只好投降了。

「好吧，你想問什麼？說吧！」投降的爸爸無奈的問著。

「『去死吧』是什麼意思？死又是什麼？媽媽說是你的口頭禪，口頭禪又是什麼？」翰淇像支機關槍一樣，一口氣把問題都甩給了爸爸。

「等等，等等，你說慢點，一個一個來。」爸爸被翰淇的問題一下子問糊塗了。

「先問第一個問題。」爸爸定了定神。

「那什麼是口頭禪？」翰淇問道。

「這個，就是一個習慣性的東西，就像我們要吃飯睡覺一樣，我們不吃不睡就會很難受，這個也一樣，就是爸爸生活中的一部分，不說就很難受。」爸爸撓著頭，想出了這麼個說法。

「第二個問題，快說！」不知道該怎麼解釋的爸爸，想快點解決問題。

「那死又是什麼？你說『去死吧』又是什麼意思？」不是很滿意爸爸答案的翰淇，只好問出了第二個問題。

「這個」爸爸不知道應該如何向孩子解釋這個問題，「死，就是不在這個世界上，離開了；『去死吧』就是請你走開，離開的意思。」靈光一閃的爸爸做出了這個解釋。

「對，就是這個意思。」爸爸很滿意自己的解釋，頻頻點頭。

「是這樣嗎？」翰淇有些不相信。

「就是這樣，就是讓你離開的意思啊！」爸爸很肯定地告訴翰淇。

「那這是好的意思嗎？」翰淇還是不是很明白。

「當然了，這就是好的意思，要不我怎麼會喜歡說呢！」爸爸有點心虛，「好了，好了。我都解釋完了，回去繼續做你的作業吧！」連忙打發走了翰淇。

「你這樣解釋真的可以嗎？」聽完爸爸的解釋，媽媽有些不放心。

「當然，孩子哪裡懂這麼多啊，隨便說說就好，很好打發的，你看，他這不就走了嗎！」爸爸揮了揮手，毫不放在心上。

「但，我還是覺得不太好，你可要改改你的壞毛病，別動不動就說去死吧，很不好聽。」媽媽還是擔心。

「不會啦！別想那麼多。」爸爸安慰著媽媽，「不要再說了，就這樣了。」

爸爸為這件事情做下了定論。

幾天後，老師的一通電話，叫來了爸爸媽媽。

「你們家的翰淇不知道從哪裡學了一句去死吧，見人就說，老師和同學聽了都覺得很不舒服，我這次請你們來，就是為了一起解決這個問題。」老師開門見山的說出了這次的目的。

「去死吧！」爸爸聽了覺得很驚訝。

「是啊，也不知道他是在哪裡學的？就像下課放學時，他總是拍著別人的肩膀說著這句話，即使是平常說話，也時不時的帶上這句話，讓人聽了很不高興，不舒服，印象也不好。」老師的一番話，讓爸爸的臉一陣青，一陣紅。

離開學校的路上，爸爸的臉色一直沒有好過。

「我說你這樣做，會有問題，你不信，你看現在問題來了吧！」媽媽對爸爸發著牢騷。

「好了，別說了，現在該怎麼辦啊！」爸爸有些無奈。

「還能怎麼辦？說實話啊，不然你還有什麼辦法嗎？」媽媽讓爸爸說出實話。

「好吧！」考慮再三的爸爸接受了媽媽的意見。回到家的爸爸第一時間把翰淇叫到了跟前。

「翰淇，對不起，前兩天，爸爸對你說了謊，『去死吧』並不是什麼離開的話，也不是什

麼好話。」爸爸說完，小心的觀察著翰淇的表情。

但翰淇的表情卻很平靜，「知道了，老師找我說過這個問題了，也給我解釋過了，我都明白。」翰淇的話讓爸爸鬆了一口氣，「那你以後不要再說了，好嗎？」

「知道了。」翰淇的回答讓爸爸很高興。

「好，那你去寫作業吧！爸爸走了。」說著，爸爸站起，準備離開。

「好的，去死吧！」翰淇脫口而出。

這下，爸爸站在門口，呆住了。

## 特質解藥

孩子從什麼都不懂到懂，模仿是學習的重要途徑之一。而家長作為孩子的第一個老師，充當著重要的角色。

要知道很多事情家長也會做錯，做錯並不可怕，可怕的是不肯承認，還找各種藉口掩飾。家長的一個正確表率示範，勝過千言萬語。

# 4. 聆聽者的微笑

「媽媽，媽媽，我跟你說，我們班轉來了一個新的同學。」

「嗯，知道了。」

「還有，同桌的林琳今天穿了一條新裙子。」

「嗯，知道。」

「對了，還有媽媽，樓下阿姨家的小狗生了好幾隻狗寶寶哦！」

「嗯。」

「媽媽你抬頭看看我嘛，不要總是低著頭看你的書。」珮瑜用力的搖著媽媽的胳膊，撒嬌著。

「來，珮瑜乖，媽媽有很多事情還沒有做完，珮瑜自己去玩，好不好？聽話

啊！」媽媽輕輕撥開珮瑜拽著她的手，輕輕地說道。

「好。」珮瑜乖巧的走開了，但誰也沒有注意到她臉上的那一絲失落。

「媽媽，今天老師表揚我，說我作業做的很好。」

「哦！珮瑜真棒。」

「還有哦，媽媽我的美勞也得到老師的表揚了。」

「哦！知道了。」

「還有，還有，老師說下學期，我們會開一門新的課。」

「哦，知道了。」

「還有……」珮瑜的話還沒說完，就被媽媽打斷了，「珮瑜，媽媽真的很忙，你不要再說了，自己去玩好不好，不要打擾媽媽的工作，等媽媽忙完了再陪你玩。」

「哦。」珮瑜低著頭，走出了房間，失望的神情在她臉上擴大。

珮瑜這一等就不知道過了有多久，可是，媽媽都沒有過來陪她玩。

珮瑜的神情一天比一天失落，語言一天比一天少，性格也一天比一天孤僻。

老師看見珮瑜的轉變，心裏十分納悶，找來了珮瑜，想問個究竟。

「珮瑜，你有什麼心事嗎？」老師溫柔的問道。

珮瑜低著頭，搖了搖頭，一言不發。

「那是家裏出了什麼事情嗎？」老師越發納悶。

珮瑜還是低著頭，一言不發。

「那你到底是怎麼回事情，可以跟老師說說看嗎？」老師再三的追問。

「老師，我是不是很煩人，很令人討厭呢？」抬起頭的珮瑜，突然反問了一句。

「當然不是。」雖然很納悶珮瑜為什麼要這樣問，但老師還是先回答了他。

「那一定是我的話太多了，是不是？」珮瑜的問題一個接著一個。

「當然也不是了。」老師肯定的告訴珮瑜。

「那是為什麼呢？」珮瑜的臉上出現了悲傷的神情。

「你有什麼不明白的嗎？」老師抓緊時機問道。

「每天回家後，我和媽媽說話，媽媽從來就沒有看過我一眼，只是一直在看她的書，回答我的話也總是很短，我要是和她說了超過三句的話，她就會讓我去做別的事，不再聽我說了。老師，你說，我媽媽是不是嫌我很煩，不愛我了，不

要我了呢？」珮瑜的話讓老師一驚。

「當然不是了，媽媽怎麼會不愛自己的孩子呢，一定是有什麼地方，你對媽媽產生了誤會，現在老師就幫你去問問媽媽，好不好？」老師安慰道。

送走了珮瑜，老師連忙撥了通電話給珮瑜的媽媽。

「這要怎麼辦呢？」聽了老師的敘述，媽媽也急了，「我最近真的很忙，孩子每次跟我說不到兩句話，我就把她打發走了，而孩子又很懂事，我說什麼她就做什麼，也從不跟我要求什麼，所以我是一點都不知道啊！」電話中媽媽的聲音也很焦慮。

「你不要著急，現在我們已經知道她的病根在哪，要想治療就容易了很多。」老師安慰著媽媽。

「那要怎麼治療，我需要做些什麼呢？」媽

媽焦急的詢問老師。

「很簡單，你只要記住多聆聽和微笑就可以了。」老師不慌不忙地告訴媽媽。

「就只需聆聽和微笑，就可以了嗎？」媽媽有些不信。

「是的，你試一試就知道了。」老師對自己充滿了信心。

聽見老師很有自信的聲音，媽媽決定試一試。

晚上，媽媽一回到家，就叫來了珮瑜，看見珮瑜在自己 面前畏手畏腳的樣子，媽媽感覺到自己這段時間虧欠了珮瑜很多，但老師的方法真的有效嗎？

「珮瑜，上回你說你們班轉來了一個新的同學，是男的還是女的啊？」媽媽臉上掛著笑容，一邊問著一邊注意著珮瑜的表情。

聽到媽媽的問話，珮瑜有些興奮，本來以為媽媽沒有注意聽她說話，早就忘了這件事情了呢！

「是個男孩子，叫博鈞。」珮瑜回答的十分大聲，但隨即又想到了什麼，低下了頭，但還在用眼睛的餘光偷偷的打量著媽媽。

看見媽媽用充滿了鼓勵的眼神看著她，嘴角帶著微笑，珮瑜的膽子不由變大了起來，頭也抬高了幾分。

「那林玲買的新裙子是什麼顏色的？你也想要買一條嗎？」媽媽繼續問道。

「是粉紅色的，我也想要買，但我想買一條水藍色的。」說著說著，珮瑜的嘴角咧開了，眼睛充滿了期待。

看到這，媽媽也覺得很高興，孩子終於有些以前的樣子了。「那樓下的小狗，可愛嗎？」

這回，珮瑜更是侃侃而談，「可愛，好可愛呦！」邊說，還邊揮舞著胳膊。

「這都是珮瑜前幾次告訴媽媽的事情，那最近有什麼好玩的事情發生嗎？」媽媽笑著問珮瑜。

「當然有啊！我跟你說啊……」這下，打開話匣子的珮瑜關也關不住了。

媽媽一直在微笑著聆聽。看著現在的珮瑜一點都沒有剛進來時畏手畏腳的樣子了。

第二天，送走了高興的珮瑜，媽媽對於老師的方法感到很神奇。隨即撥了通電話給老師，想告訴他方法很有效，同時也很想知道這是什麼原因。

老師告訴媽媽，其實這很簡單。孩子雖然很小，但他們已經是一個獨立的個體，他們希望我們給他們的是一種平等關係，而不是孩子，這時候聆聽他們的話，會給他們很大的滿足感。同時，他們又是一個未成熟的個體，喜歡被人寵愛，被人重視的感覺，這時微笑就成了最好的武器。最後，老師告訴媽媽，聆聽的微笑並不是為了在孩子生氣或發脾氣時才用的，而是我們生活中的一部分，同時也要教會孩子聆聽的微笑。

## 特質解藥

聆聽給人重視的感覺，微笑給人關懷的感覺。聆聽的微笑不僅是對孩子，也是對我們大人的一種教育。請你瞭解、認識、學會，聆聽的微笑，不光是要落實在自己的身上，也請你教給孩子。

讓孩子不光學會對自己的愛與關懷，同時也是給別人的關懷。

# Chapter 2

# 拿捏好孩子的界限分寸

孩子從一無所知，到第一次懂得如何透過自己的眼睛看世界；從跟在父母後面牙牙學語，到第一次完整明白表達自己的想法意圖，在這中間經過成長的不僅僅只有孩子，還有我們大人。

當孩子可以透過自己的眼睛，透過自己的言語表達自己的想法時，這表示孩子開始慢慢成長成熟了。而此時，孩子對長大充滿了渴望，希望能得到爸爸媽媽的肯定與認同，所以經常拼命的表現自己。

孩子開始長大了，不知道身為家長的父母是不是也同時長大了。不知從什麼時候開始，父母發現孩子不再聽他們的話了，孩子開始有了自己的想法，有了自己的做事方式，而這時，父母已經不能再用以前的方式來教育孩子了。

拿捏好孩子的界限分寸成了父母和孩子溝通的重點。

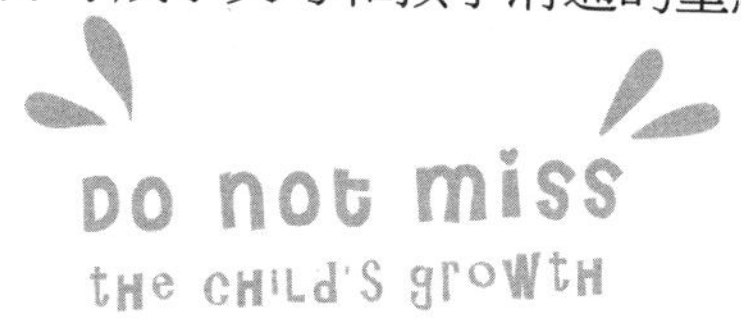

# 1. 放任的遊戲機按鈕

「來來來，小勇，這是你的生日禮物！」爺爺十分高興的把一個大大的禮盒送到了小勇的面前，「今天是你八歲生日，上回考試聽說你又考了第一名，真是爭氣啊！」爺爺既得意又神氣的說著。

收到禮物的小勇，迫不及待的就把禮物的包裝拆了下來。「哇！是遊戲機PS4！爸爸，爸爸，你快來看，爺爺送我的是遊戲機PS4！」小勇興奮的大叫著，把禮物緊緊的抱在胸前，久久不肯放手。

「還不快跟爺爺說謝謝！沒規矩！」爸爸正色道。

「謝謝爺爺！」說完小勇一溜煙的跑回自己的臥室，研究他的新玩具去了。

「爸，你這樣會把孩子寵壞的。」爸爸對爺爺有些不滿的說道。

「怎麼會呢，你看孩子天天都在讀書，都快讀傻了。趁現在放暑假，可以讓孩子放鬆一下。你不要一味的逼著孩子讀書，也應該讓他好好的玩玩嘛！」爺爺笑道，「再說你不也是我教出來的嗎？」說到這兒，家裏的人都笑了出來。

「話是這麼說沒錯，但我還是覺得，放任孩子這樣玩不是什麼好事情。」爸爸有些不服氣的說道。

「好了，別說了，我說了算，這個暑假就讓我的寶貝孫子好好的玩，你們別管了！」老爺子的一句話，為這件事情下了定論。

第二天，小勇一起床就坐在遊戲機的面前，劈劈啪啪按著遊戲機按鈕，開始玩了起來。

「小勇，吃午飯了！」媽媽喊著。

「嗯，知道了。」小勇頭也不回，眼睛一刻不停的盯著遊戲機螢幕，玩著遊戲。

「小勇，吃晚飯了！」媽媽又一次叫著小勇。

「嗯，知道了。」一天了，小勇的姿勢變都沒有變過，還是這樣無意識的應付著。

爸爸終於急了，一把搶過小勇手中的遊戲機，生氣地喊道：「別玩了，從今天開始遊戲機沒收了！」

「但是爺爺說讓我玩的，是他同意的！」小勇絲毫不示弱的反駁，並想搶過爸爸手中的遊戲機。但小勇哪搶得過身材高大的爸爸，一番糾纏之後，小勇只好搬來救兵。

「爺爺，快來，爸爸搶我的遊戲機，不讓我玩！」小勇大聲地叫著爺爺。

「快，快給他，我說過這個暑假讓孩子好好的玩，這才剛玩了一天，怎麼就不讓他玩了呢！怎麼我說的話都不算話了嗎？」爺爺毫不客氣地從爸爸的手中搶過遊戲機，轉身笑嘻嘻的遞給了小勇，「乖，小勇，去玩吧！要是爸爸再這樣，你就告訴爺爺，爺爺讓你當靠山，好不好啊！」

「好！」小勇高興的接過遊戲機，得意洋洋

的給爸爸做了一個鬼臉，又玩起了遊戲。

「爸，你這樣太縱容他了，會害了他的。」爸爸無奈的和爺爺爭辯道，但爺爺絲毫不理他的說詞，轉身就走了。

有了爺爺這個大靠山，小勇越發的肆無忌憚，昏天黑地的玩了起來。爸爸只要一來管教小勇，小勇就搬出爺爺來，讓爺爺為他撐腰，而孝順的爸爸也總是在爺爺面前敗下陣來。這樣小勇便有恃無恐起來，每天都沉迷在遊戲中。

暑假很快就結束了，爸爸也鬆了一口氣，終於可以不再為遊戲機而爭吵了。爺爺勸爸爸放寬心，就只是讓小勇玩玩，放輕鬆一下，只要開學一回到學校，小勇還是那個第一名的孩子。

但誰都沒有想到，事情還遠遠沒有結束呢！

開學後的小勇成績一落千丈。老師也打電話來反應，小勇最近這段時間上課不太專心聽講，時不時地在發呆，不知道在想些什麼。特別是一到放學的時間就好像有什麼事情在等著他，總是第一個衝出教室，同時，回家功課也是做的一塌糊塗，像是在應付了事。

聽過老師的話，爸爸正在思考時，小勇放學回來了。回到家的小勇，把書包一丟，又玩起了遊戲機，還喃喃自語道：「我想了一天了。」聽到此話的爸爸，一下子找到問題點，不由火冒三丈，狠狠地搶過遊戲機，重重的摔在地上，對著小勇生氣的喊道：「我不讓你玩！以後再也不許你碰它，要是我再看見你玩一次，我就打你一次！」

小勇嚇得大聲哭了出來，哭聲把爺爺也召了過來。爺爺看見自己的寶貝孫子在哭，也生起氣來，「不就是玩個遊戲機嘛！有必要把孩子罵哭嗎？說過多少次了，讓孩子放鬆放鬆，你不明白嗎？」

「爸，您這是太放鬆了！」爸爸無奈的把前因後果說給了爺爺聽。

「難道，放鬆也有錯嗎？」知道事情原由的爺爺百思不得其解。

「放鬆是沒有錯的，但放鬆也要有個分寸，太過於放鬆就會變成了放縱。」爸爸長歎一聲，無奈的對爺爺說。

而現在，怎樣讓孩子收心，成了擺在全家人面前的一道難題。

## 特質解藥

孩子是貪圖新鮮的，是愛玩沒有定性的，這時候就需要家長來給他們建立一個明確的界限。但長輩常常會因為對孩子的寵愛，而不自覺的放寬了這個界限，所以拿捏好這個界限的分寸是爸爸媽媽應時刻注意的。

## 2. 小惡魔的一天

「來，慧琪乖，起床了，要遲到了。」

「慧琪，乖，把手伸出來，媽媽幫妳穿衣服。」

「慧琪，吃雞蛋，媽媽餵妳，來，再喝點牛奶。」

「慧琪，媽媽來幫妳拿，慧琪，媽媽幫妳做，慧琪……慧琪……」每天，從一起床開始，媽媽就開始圍著慧琪忙個不停。

這種場景成了他們家裏每天必演的節目，但奇怪的是媽媽口中的乖慧琪，在鄰居口中卻被稱為小惡魔。

這又是為什麼呢？

那麼讓我們來看看慧琪的一天吧！

隨著媽媽那熟悉的起床聲，新的一天又開始了。

今天是週六，慧琪不用去上學，但還是讓媽媽幫自己穿衣服，餵自己喝牛奶，吃早餐，慧琪的早上過的和平時沒有什麼不同。但既然是週六，慧琪也不想一直待在家裏，她決定出門去找其他小朋友玩。

「妳們在玩什麼呢？」看見一群女孩子圍成一圈很是熱鬧，慧琪擠上前去問道。

「我們在玩打沙包。」一個女孩回答她。

「是嗎，太好了，我也要玩。」說著，一把搶過了沙包。

「可是，我們已經分好隊了，妳要玩就得先等一會兒。」一個女孩看見慧琪毫不客氣的搶過沙包，小聲地勸導她。

誰知，慧琪的眼睛一瞪，說：「我說要玩，就要玩，我說了算，分好隊了，這好辦，妳到旁邊等著，我來打。」說完，一把推開了女孩，打起了沙包。

「妳們在躲什麼啊，全都站在那裡別動，要不然我怎麼打的著呢！」慧琪打了半天，都沒有打到，有些生氣，對著其他的女孩子喊道。

可是，沒有人理會慧琪，這讓慧琪覺得很無趣。打了一會兒就丟下了沙包，轉身離開了。

無聊的慧琪又走到男孩群裏，「你們在玩什麼啊！」慧琪又擠了進來。

「我們在玩騎馬打仗的遊戲。」有人回答道。

「是哦！我也要玩。我要在上面，你們當馬。」說著，拽下上面的男孩騎了上去。

「駕駕，快跑，衝啊！」慧琪大喊一聲，指揮著戰馬，衝了上去。

「砰」的一聲，兩隻戰馬撞在一起，慧琪被撞倒在地上。

「你們欺負我，我要回去告訴我媽媽。」倒在地上的慧琪，嚎啕大哭，並大聲地叫著「媽媽，媽媽，妳快來。」聞聲趕來的媽媽，看見慧琪坐在地上，渾身髒兮兮的，心疼不已。

「慧琪，妳怎麼跌倒了？」拍著慧琪身上的塵土，媽媽焦急的問道。

「都是他們啦！」慧琪邊說邊指著周圍的小朋友說道，「是他們，他們欺負我。」

「什麼！他們欺負妳！別怕，慧琪，媽媽幫妳出氣。說你們是誰家的孩子，這麼沒有教養，欺負我們家的慧琪，把你們家長叫出來，來評一評理！」慧琪媽媽氣焰囂張的叫喊道。

看著這一切的小朋友，一窩蜂的全散開了。

「慧琪，欺負你的人都跑了，不要再哭了，來我們回家吃午飯了。」媽媽安慰著慧琪。

看見周圍的孩子都被嚇跑了，慧琪十分得意，趾高氣昂的隨媽媽回家了。

吃完午飯的慧琪，耐不住寂寞，又到外頭玩了。

慧琪才剛出現，不知道誰喊了一句「小惡魔來了！」大家都散了開。

可是，慧琪眼明手快，一把抓住了一個小胖子，「你陪我玩！」慧琪命令道。

「可是我想回家，不想陪妳玩……」還沒等小胖子的話說完，就被慧琪打斷

了。「不行，你必須陪我玩，你要是不陪我玩，我就告訴我媽，說你欺負我，再去你家告訴你媽，讓你媽揍你。」慧琪惡狠狠的威脅道。

小胖子，只好哭著臉，陪著慧琪玩，可是沒玩一會兒，慧琪又膩了，放開了小胖子，去尋找下一個目標了。可是小朋友們早已沒有人再願意陪她。媽媽看見回到家的慧琪滿臉的不高興，連忙問其原因。沒想到這一問，惹得慧琪大哭起來。

「他們都不和我玩，一看到我就都跑走了。」慧琪邊說邊哭。

「他們不和妳玩，沒有關係媽媽和妳玩，要不，我去跟他們說，讓他們和妳玩。」媽媽安慰道。

「我才不要和妳玩，這一切都是妳的錯！」慧琪哭著對媽媽喊道。

「為什麼都是我的錯呢？媽媽也是想為妳出氣啊！」媽媽對於慧琪的指責很不解。

「是妳，就是妳的錯，一定是妳昨天說了他們，才把他們嚇跑的，誰叫妳說他們了啊，要不是妳，他們怎麼會不和我玩呢？」慧琪說完，「砰」的一聲重重的關上了房門。

媽媽呆呆的站在門外，她怎麼也沒有想到慧琪會說這樣的話，自己真的做錯了嗎？那又錯在了哪呢？

## 特質解藥

家長對於孩子都是寵愛的，但我們要分清楚寵愛和溺愛的界限，當我們超過這條界限後，真正受到傷害的還是孩子。因為孩子會覺得別人對自己好是理所當然的事情。當他在父母庇護下的時候，尚且感受不到社會的殘酷，可一旦走入家庭，開始自己的生活，沒有人會在意他是高興還是憤怒，沒有人會再把他當成中心，這時，孩子的心靈很容易因為落差而變得脆弱甚至變態。

如果說父母的愛是孩子的養分，那父母的溺愛，就是毒藥了。

# 3. 寬慰包容的底線

曉明生性好動好玩，愛說愛笑，經常把老師在學校講給他們聽的一些笑話，講給爸爸媽媽聽，把爸爸媽媽逗得哈哈大笑。不時還為周圍的鄰居表演，得到大家的一致表揚，這讓曉明十分得意。

時間久了，老師在課堂上講的笑話都被曉明說了一遍，他只好開始重複說著以前的笑話。每當說著老笑話時，鄰居們就會喊著「說個新的吧」，此時曉明就會陷入了一種進退兩難的狀

況，讓他有點懊惱。

看著這一切的爸爸媽媽，在心中暗暗有了一個主意。

趁晚上，他們悄悄地在曉明的桌子上給他放上了《笑話三百則》等等一系列的故事書。

早上，起床看見這些書的曉明高興不已，抱著爸爸媽媽又蹦又跳。

很快，這些書就成了曉明的法寶。

這時，當曉明再聽到「說個新的吧」的喊叫聲時，他就會不慌不忙地說出書中的一個故事或笑話，掌聲讚揚聲又一次響起，讓他暗自得意不已。

被掌聲和讚揚聲包圍的曉明，漸漸有點飄飄然起來。

原先每次當曉明要講一個新的笑話時，都會事先跟爸爸媽媽講一遍，徵求爸爸媽媽的意見，看看這個笑話適不適合講，應該怎麼樣講。但慢慢的曉明開始不再問爸爸媽媽的意見和想法，覺得只要是笑話，大家肯定都愛聽。

曉明坐在院子裏，又開始給院子裏的小朋友說起了笑話。

「有一次，我跟朋友一起去外面玩。突然出現了一群野豬，把我們嚇了一大

跳，我們趕快把身上帶的火腿，香蕉，麵包等等吃的東西都找了出來，丟給了野豬。但誰都沒有想到，這群野豬什麼都不吃，直接跑到我的面前，大喊『你快說嘛！』」

說到這裡，曉明故作神祕的問正坐在他旁邊的一個小妹妹，「你知道這是為什麼嗎？」

「不知道。曉明哥哥，你快說嘛！」小女孩稚聲稚氣的回答說。

「因為你就是那隻豬啊！」曉明說完，哈哈大笑起來。

周圍的小朋友也隨之哄堂大笑起來。

小女孩楞了一下，哇的一聲哭了出來。「曉明哥哥太過分了，以後我再也不和你玩了！我討厭你！」說完，哭著跑回了家。

看到這，剩下的小朋友也開始覺得可能真的有點過分了，慢慢停下了笑聲，一一離開。只有曉明還在那裡哈哈大笑，渾然不知。

晚上，爸爸聽說了這件事情，十分生氣，當場就想教訓曉明，但被媽媽勸住了。媽媽說；「孩子還小，不太明白這個笑話會傷到人，只是覺得這個笑話很好笑。只要讓他明白這個笑話不好的一面，他自然就不會再說了。」

爸爸聽後，覺得有道理，於是把曉明叫到了跟前。和藹的告訴曉明不要再講這個故事了。

「為什麼啊？」曉明很不服氣的說道。

「你知道嗎，說別人是豬是一種很不禮貌的行為，要是別人說你是豬你會高興嗎！所以不要再說這個笑話了。」爸爸很嚴肅的說道。

曉明聽後很不以為然，心想這只不過是一個玩笑，難道他們都不懂什麼叫玩笑嗎？說說而已，又不會怎麼樣，要是有人這麼說我，我才不會哭呢！真丟人！

心裏另有打算的曉明，沒把爸爸的話放在心裡，照講不誤。

但很快，又有一件事情發生了，這次讓爸爸媽媽覺得不能再這樣縱容曉明了。

有一天晚上，爸爸的同事來家裏串門子。

當同事知道曉明很會講笑話時，紛紛叫曉明說個笑話來聽。但誰都沒有料到曉明又把那個關於豬的笑話搬了出來。

當曉明說到，你就是那隻豬時，爸爸的同事臉一陣白一陣紅，爸爸媽媽也很是尷尬。沒過多久，爸爸的同事就藉故離開了。

這讓爸爸非常生氣，「不是告訴過你不要再講這個笑話了嗎！你怎麼還講呢！怎麼這麼不聽話！」

曉明看到爸爸真的生氣了，但他仍是不服氣，還辯解道：「這有什麼不能講的呢？這只是一個笑話，所有人都知道是笑話啊！既然是一個笑話，有什麼是不可以說的嗎？要是禁忌這麼多還講什麼啊！」對此，曉明也有自己的看法和意見，他不明白為什麼爸爸對這個笑話這麼在意。

和曉明一番理論後，爸爸終於明白了。事情的根源在於曉明對於這個笑話的理解，要解決問題還是得要從根源解決起。

「你喜歡別人叫你豬嗎？」爸爸平靜的問道。

「不喜歡。」曉明有點不太明白爸爸的意思。

「那你為什麼還要叫別人豬呢？」爸爸繼續問。

曉明明白了爸爸的意思，「那只是個笑話。」不服氣的喊道。

「笑話也是要看場合說的，你知道嗎？」爸爸進一步的說著。

「這也有區別嗎？」曉明很是奇怪。

「是啊！」看見曉明慢慢上鉤，爸爸暗暗得意。

於是好戲開場了。

「你可知道，當我們說別人豬時，是什麼意思嗎？當我們說別人笨的時候，常常會說他笨的像豬，但這是一個貶義詞，所以沒有人喜歡聽別人說他是豬的，你明白嗎？還有尊老愛幼你該懂吧，對於長輩這個詞更是不能用，我想你也不喜歡被那些比你小的弟弟妹妹叫豬吧！」爸爸開始循序善誘的給曉明講起了道理。

「所以笑話是不能亂說的，知道嗎？」曉明點點頭。

看著曉明明白了很多，爸爸很是高興。

「來，兒子，爸爸重新幫你找個笑話，明天說的時候，讓大家笑破肚皮……」

說著，爸爸拿起了故事書。

## 特質解藥

當孩子犯第一個小錯時，我們不要因為各種理由就放任不管，包容他。要知道包容也是有分寸的，因為我們不知道什麼時候，這個第一次就會變成第二次、第三次，小錯就會變成大錯，所以當問題產生的時候，包容不是解決的最好方法。

同樣，包容也要有底線。如果你覺得孩子的行為已經觸及到了這個底線，最好的方式就是在不得不強制糾正之前，讓他們自己察覺出自己已經錯了很久。

# 4. 被壓斷的羽毛

看著電視上舞者優美的舞姿，子昂很是羨慕。

「爸爸，爸爸，我也想學，你讓我去學跳舞好嗎？」子昂一臉激動的問著爸爸。

「學什麼？跳舞，不行，男孩子學什麼跳舞啊，那是女孩子學的東西，你瞎湊什麼熱鬧！」爸爸的一句話，把子昂打了回來。

爸爸是一個保守的人，他一直認為男孩子舞刀弄槍才是正常的事情，至於像繡花跳舞這樣的事情，應該是屬於女孩子學習的項目，男孩子不應該學女孩子的事情，這樣一點陽剛之氣都沒有。學了就會變得娘娘腔，長大後不像一個真正的男人。

子昂剛燃起的一點小火苗，就這樣被爸爸的一句話給撲滅了。

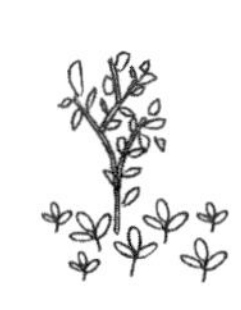

幾天後，去國外旅遊的舅舅帶著禮物回來了，子昂收到的禮物是一頂漂亮的帽子。紅色的圓帽子，上面繡滿了金色的花邊，特別是帽沿上插有一根鮮豔的羽毛，格外漂亮。

舅舅告訴子昂，那是一頂少數名族特有的帽子，他們只有在重大的節日或特別的日子才能戴的。每當這個時候，他們就會帶著這頂帽子，圍著篝火載歌載舞，一起慶祝。當他看見這頂帽子的第一眼就想到了子昂，覺得子昂戴起來，一定會很好看，所以就買了回來。

果然，子昂從看見這頂帽子的第一眼開始，就喜歡上了這頂帽子。戴著帽子的子昂得到了大家的一致讚揚，都說十分好看，只有爸爸對於這頂帽子不是很滿意。

爸爸始終認為，這頂帽子太鮮豔了，不適合男孩子戴，太女性化了。所以當舅舅走後，爸爸就讓子昂把帽子脫下來，放進箱子裏，不讓他再戴。

時間一久，子昂也漸漸遺忘了這頂漂亮的帽子和它上面那根鮮豔的羽毛。

但有時候被我們遺忘的事情，很可能在不經意間被我們想起，又重燃希望。

Chapter 2

# 拿捏好孩子的界限分寸

這天，很早就寫完作業的子昂拿著電視遙控器亂按，而爸爸媽媽都還沒有下班，自己要做些什麼好呢?正當子昂感到無聊的時候，一個節目引起了子昂的注意。

這是講述少數名族的一個節目，介紹的正是上回舅舅去旅遊的地方。看著那裡的碧水藍天，回想起舅舅的介紹，子昂覺得一切都是那麼的美。特別是晚上，一群人穿著漂亮的衣服，戴著漂亮的帽子，圍著篝火載歌載舞的鏡頭，讓子昂看的格外高興。

「這真的是太美了，有時間我也要去玩，穿上他們的衣服，戴上他們的帽子，一定很好看，很好玩。」子昂在心裏嘀咕著，「帽子，對了，帽子，上回舅舅回來的時候送了我一頂帽子，就是電視上的那頂帽子啊!」想到這兒的子昂一下子從沙發上跳了下來，翻箱倒櫃起來。

「帽子呢，媽媽把帽子放到哪裡了呢?」子昂找的有點著急。終於，在翻箱倒櫃很久之後，他發現了「寶藏」，「在這，在這，我找到了，太好了。」子昂高興的叫了起來。

但可惜的是帽子在櫃子裏放的時間太久了，帽子上沾滿了灰塵，羽毛已經不像當初那樣挺直，又有點彎曲。子昂細心的抖掉帽子上的灰塵，又把羽毛扶直歸回原位，戴在頭上。

望著鏡子中的自己，子昂很得意，太好看了。

看看電視上的畫面，再看看鏡子中的自己，子昂忍不住跟著電視上的畫面跳起舞來。揮一下手，轉一個圈，動一下脖子，頭上的羽毛隨著子昂的舞動，在陽光的照耀下，釋放不同的顏色，美麗動人。

隨著音樂，子昂沉浸在美妙的舞蹈中，絲毫沒有聽見爸爸的開門聲。子昂正快樂無比的跟著音樂一個轉身時，看見了站在自己身後的爸爸面色鐵青。

「爸爸。」看見爸爸的歸來，子昂嚇了一跳，小聲地和爸爸打著招呼。想著爸爸平時的言論，更覺得害怕和擔心。

「你在幹什麼?」子昂聽出了爸爸平淡聲音下的怒火，哆嗦了一下，不知道該怎麼回答爸爸。

「是在跳舞嗎?」爸爸的聲音提高了八度，「不是跟你說過，不准你跳舞的嗎，你怎麼還跳，是不是真的這麼不聽話！」

「我想跳舞。」從來沒有反駁過爸爸的子昂不知從哪兒來的勇氣，說出了自己想說的話。

「什麼，你想學跳舞，你想學這種女孩子跳的舞！」爸爸的怒火被子昂一下子給點燃了起來。

「你是不是想造反了，敢跟我頂嘴，還有你那礙眼的帽子給我拿下來。」說著，爸爸一個箭步上去，一把拿掉了子昂頭上的帽子，丟在了地上。

「我說不准你再跳舞了，你聽見了嗎？」說完，爸爸轉身就走。但走到丟在地上的帽子前時，爸爸好像還是怒氣難消的踩了帽子一腳，生氣地走開了。

看著爸爸離開的背影，撿起丟在地上的帽

子，子昂傷心的哭了起來。

鮮豔的帽子上印著一個大大的腳印，漂亮的羽毛也隨著爸爸那一腳的踩下被折斷了，軟軟的耷拉在上面。子昂哭著想扶起那根漂亮的羽毛，但無論他怎麼努力，羽毛都無法再立起來。

望著被壓斷的羽毛，子昂感覺自己的夢想也被壓斷了，久久不再說話。

## ❦特質解藥

孩子的喜好應該順其自然，而不是一味的壓制。最初的天性給了孩子最初的理想，而最初的理想又會點燃孩子最初得激情，但當這一切都不再存在時，孩子剩下的就只有空殼了。不要以我們的眼光去看待事情，孩子更需要的是我們以他們的角度來看待事物，支持他們，理解他們。

# 5. 黃昏遊樂場

「你知道嗎？我爸昨天帶我去附近新開的遊樂園玩了！那裡有摩天輪，雲霄飛車，別提有多好玩了！」同桌的小胖在小樺的面前不停的說著。

「那裏不光有好玩的，還有好多好吃的，你要不要叫你爸也帶你去玩啊！我爸說這個星期天還要帶我去玩。」小胖越說越起勁了起來。

「怎麼樣？問你爸看看，我們星期天一塊去，怎麼樣！」看著小樺絲毫不理他，只顧著看課本，小胖好像想到了什麼，聲音越說越小。

「對哦！我怎麼忘了，你爸管你那麼嚴，哪有可能會讓你去遊樂園玩呢！要讓你爸陪你去，那更是不可能的啊！害我說了半天，我說你怎麼不理我呢！真無趣！」小胖默默地坐回了自己的位子上。

「你爸怎麼可以這樣啊……」小胖正小聲地嘀咕著，看見小樺瞪著他，剩下的話又吞進肚子裏去了。

收回自己目光的小樺，低著頭又開始看起了書。

其實表面若無其事的小樺，內心裏早就波濤洶湧了，眼睛看著書，思緒卻已飛走。

從小爸爸對小樺的要求就很嚴格，小樺無論做什麼事都要經過爸爸的同意。從學習到生活的瑣事，爸爸都要一一過問，特別是在學習方面，爸爸管的最為嚴格。

每天，放學回家以後，爸爸都會檢查小樺當天的學習情況，晚上還會陪小樺一起復習功課，準備第二天的課業。特別是一到了考試前期，爸爸的要求就會更加嚴格。而且，爸爸從不讓小樺到處玩，也不讓小樺玩玩具，他認為玩物喪志，不利於小樺的學習。總之，一家人無論做什麼都以小樺的學習為前提，為目標。

小樺是個很懂事的孩子，讓他做什麼他就做什麼，從不對爸爸媽媽的話有任何反對的意見。小樺從小就一直覺得爸爸的話都是對的，但不知道從什麼時候開始，小樺覺得爸爸的話也不一定都是對的。

其原因，還是來自同桌的小胖。

小胖是這學期換座位時，和他同桌的。小胖人如其名，長得胖胖的，口袋裏隨時都裝著各種零食，每天都在不停的吃，對於課業卻馬馬虎虎。

老師把小胖安排在小樺旁邊的原因，就是想讓小樺帶動小胖的學習積極性，提高他的成績。

老師的想法沒錯，自從小胖和小樺坐在一起後，成績有了很大的進步。

小胖的爸爸知道後很是高興，不只是給小胖買了更多的零食，有空時還帶著小胖到處去玩去。

這讓小胖很是得意，整天就在小樺的耳邊不停地說，爸爸又給他買了什麼新的玩具，又帶他去哪裡玩了。

聽著小胖整天在自己的耳邊嘮叨，小樺的心裡也開始出現了波動。

為什麼自己不能像小胖一樣呢？小胖的成績那麼差，自己的成績比小胖要好得多，但為什麼爸爸就不帶我去玩呢？

有了這個想法的小樺特地跑去問爸爸，想讓爸爸帶他去玩，但爸爸只說了一句「別想那些沒用的事情」就把小樺的這個想法給堵了回去。

但這個想法已經在小樺的心中生根發芽了，爸爸的回答讓他很沮喪。

這次，小胖的爸爸又帶小胖去玩了，這讓小樺的心裡越來越無法平靜。

看著得意的小胖，小樺突然想到是不是就是因為自己的課業關係，爸爸才不帶自己出去玩呢！小胖的課業成績不好，可以去玩；而自己的課業成績好，卻不可以去玩，那是不是自己的課業成績不好，爸爸就會讓自己去玩了呢！

這時候的小樺，突然覺得自己都想通了，一定是這個原因，所以爸爸才會管他管得那麼嚴，只要讓自己的課業成績差一點，那不就什麼問題都解決了嗎？對！就這麼辦，想好了辦法的小樺開始了自己的行動。

爸爸突然發現，小樺的成績一落千丈，問他原因，小樺卻什麼都不願意說。

爸爸只好找老師問，想從老師那得到一些線索，卻沒想到他得到的卻是小樺最近經常都會早退的消息，這讓爸爸很是吃驚。

沒有得到任何線索的爸爸，決定自己來調查。

這天，爸爸早早就守在了學校門口處的一個角落，等待著小樺。

果然，離放學還有一個多小時的時間，爸爸就看見小樺背著一個書包走出了校門，爸爸趕緊跟在後面。不知道是不是想事情想得太專注了，小樺一直低著頭，絲毫沒有發現跟在後面的爸爸。

爸爸跟著小樺走了半個小時，看見小樺上了一個小山坡，正在納悶的時候，小樺停了下來並坐下。

爸爸靜靜的走到了小樺的身後，順著小樺的視線望去，不遠處新建的遊樂園盡收眼底，這讓爸爸若有所思。

思量再三，他走到小樺的身邊，慢慢坐下，這把小樺嚇了一大跳。

「爸爸，你怎麼來了！」受到驚嚇的小樺跳了起來，「對不起，我不應該蹺課。」低著頭的小樺，說話的聲音卻越來越小。

「別怕，爸爸不是來責備你的，你先坐下來，好嗎？」出乎小樺的意料，爸爸的聲音格外的平靜溫柔。

「你蹺課，就是為了來這裡嗎？」爸爸問道。

「嗯。」心情開始平靜下來的小樺，還是不太敢回答爸爸的提問，只是小聲哼著。

「爸爸不會罵你，你有什麼想法，就說給爸爸聽，別憋在心裡！」爸爸企圖讓小樺放下心理負擔。

「這裏漂亮嗎？」爸爸的聲音很是溫柔。

「漂亮。」小樺在慢慢放下戒心。

「為什麼漂亮呢？」爸爸的問題一個接著一個。

「底下的遊樂園很漂亮。」小樺這時已經完全放鬆了。

「那你想去玩嗎？」爸爸緊接著問。

「想！」小樺的聲音不大，但是很堅決。

「那你是因為這個才沒有好好讀書的嗎？為什麼？」爸爸突然轉移了話題。

小樺愣了一下，但還是鼓足了勇氣，把自己想了很久的話說了出來，「小胖的成績不好，但他的爸爸卻總是帶他去玩；我的成績好，但你從來沒有帶我去玩過。我曾跟你說過，但你不同意。我就想是不是和我的課業有關係，是不是我的

成績差了，你就會帶我去玩。」說到這裡的小樺，有點說不下去了。

這時候的太陽開始慢慢西沉，黃昏中的遊樂園顯得格外漂亮。

爸爸沒有想到自己竟然聽到的這樣的回答，陷入了久久的沉思中。

小樺也靜靜的坐在爸爸的身邊，父子倆都沒有說一句話。

還是爸爸首先打破了僵局，「星期天，爸爸帶你去玩，好嗎？」

「什麼，爸爸你說的是真的嗎！」小樺很是驚訝。

「對，是真的，但你也要跟爸爸保證再也不蹺課了，好嗎？」爸爸笑著對小樺說道。

「好，太好了！」小樺高興的跳了起來，抱住了爸爸。

父子倆攜手走下了山坡。

## 特質解藥

孩子的想法很單純，他們經常會拿周圍的朋友和自己做比較，而做出結論。相同環境下不同的對待，會讓他們感覺被壓抑或被忽視。所以在我們教育孩子時，不但要看見自己孩子的本身，也應該關注他所處的環境，時刻調整對孩子的教養態度。

Chapter 3

# 你有你的習慣，我有我的嗜好

每一個孩子都是獨特的，他們有自己的特點，更有自己的愛好和興趣，我們希望孩子多才多藝，更希望孩子健康快樂，不要逼迫他們學才藝，不要束縛他們發展，更不要替他們決定喜歡什麼，不喜歡什麼。興趣是最好的老師，只有真正熱愛才能取得成就，讓孩子為自己的嗜好和興趣做主，健康快樂，活出最出色的自己！

# 1. 別逼我學才藝

涵婕從小聰明伶俐，爸爸媽媽視她為掌上明珠，盼著她有一天可以飛上枝頭當鳳凰。因此，為了培養女兒，爸爸媽媽竭盡心力。涵婕還不到三歲，媽媽就送她去學舞蹈，再大一點又幫她報名鋼琴班，五歲的時候爸爸又找了教繪畫的朋友幫涵婕上繪畫課。如今剛剛上國小六年級的涵婕每天忙得不可開交，很少有休息的時間，除了上課還要去參加各種培訓班。由於涵婕從小學了很多才藝和課外知識，自然是校園裡的風雲人物，這讓爸爸媽媽很欣慰。

「涵婕今天晚上上什麼課？」媽媽一邊在廚房準備晚餐，一邊問爸爸。

「今天是鋼琴課，幫涵婕做點好吃的東西，她這幾天胃口不好，常說身體不舒服。」爸爸有點擔心女兒的身體。

「我前幾天帶她去檢查了，醫生說沒什麼問題，可能是心情不好，孩子現在大了，越來越不好管，她常常抱怨自己沒有時間跟小朋友玩，可能是有點情緒反彈。」

「可能是，涵婕確實比較累，畢竟還是小孩子，貪玩也正常，可是咱們不能由著她的性子，趁年紀小多學些才藝，以後肯定可以用得上。」爸爸覺得自己教育孩子的方法沒錯。

媽媽也很贊同爸爸的想法，「孩子哄一哄就行了，真的不行就罵她一下，總之不能看她不高興就心軟，一定得要堅持下去，我們辛苦點沒關係，一切都是為了女兒。」

「是啊，現在競爭越來越激烈了，不多學些東西怎麼行，王伯家的小胖子不但會彈鋼琴，還會拉小提琴，聽說最近還在學外語，什麼時候有空再去給女兒報個外語課，咱們不能讓孩子輸在起跑點上啊。」

涵婕看著同學們每天一起開心的玩，心裡很羡慕，自從懂事起涵婕就似乎沒有開開心心地玩過一天，不是學鋼琴就是學畫畫，看著窗外其他同齡孩子奔跑的身影和開心的笑聲，涵婕真想跟爸爸媽媽說，自己再也不想學這些亂七八糟的東西了。

涵婕的房間裡擺滿了各種比賽的獎盃，在爸爸媽媽看來都是自豪和榮譽，但涵婕一點都不在乎，甚至很多時候，她很想把這一切都扔掉。

涵婕在日記裡寫到：在我的記憶裡，沒有過快樂的童年，整天跟討厭的鋼琴和畫筆做伴，我不想學這些，我只想跟其他的小朋友一樣去操場上捉迷藏。鋼琴的旋律再好聽，現在對於我來說都是噪音，畫畫對我來說更像是一種發洩，再也不想學才藝了！

涵婕變得越來越內向，不想跟同學們說話，更不想跟爸爸媽媽談心，最喜歡的就是跟巷子裡

面賣湯圓的婆婆聊天。

「涵婕，你那麼優秀，唱歌、跳舞、畫畫什麼都好，怎麼整天愁眉苦臉的？」婆婆看涵婕總是不開心的樣子便問道。

涵婕說：「我不喜歡這些，那都是爸爸媽媽逼我學的？」

「逼你的？」

「是的，不過我很小的時候，很喜歡唱歌畫畫，可是自從爸爸媽媽幫我報名一大堆補習班，強迫我學東學西，時間長了，反而厭倦了，再也不想學了。現在更辛苦，總是不停的學才藝，每天最開心的事情就是在婆婆這裡吃一碗湯圓，跟婆婆聊天。」

「每天下午你放學以後我都聽得見你彈鋼琴的聲音，真好聽啊！」婆婆笑著說。

「我每天放學就要練琴，吃過晚飯還要練畫畫，一點都不開心。每一次我在陽臺上聽到收破爛的來了，就想大喊，請他把我的鋼琴和畫筆全部收走，我就再也不用做這些事情了。」

婆婆聽了哈哈大笑起來，「傻孩子，整天悶悶不樂會憋出毛病的，把你的想法跟爸爸媽媽說吧。」

可是涵婕真的不知道該怎麼跟爸爸媽媽說出自己的想法。

如今孩子都是父母的掌上明珠心肝寶貝，父母把所有的希望寄託在孩子身上，從小就讓孩子學習各種技能，帶著孩子在各種補習班之間奔波，剝奪了本應屬於孩子的快樂童年。當然，希望孩子全面發展是對的，希望孩子多學一些技能也無可厚非，可是不顧孩子的興趣愛好和承受能力，一味的施加壓力不但不能達到預想的效果，反而讓孩子背上沉重的負擔，影響孩子的身心健康。

孩子的能力和精力都是有限的，在成長的過程中孩子需要更多的時間去自由發展，去玩樂，如果讓他們把所有的時間都花在被動學習上，很可能對孩子的健康成長造成阻礙作用。很多時候，孩子在某些方面的天賦和興趣愛好，是在生活中或者嬉戲中培養或顯現的，如果強迫他們去接受學習，很可能磨去他們本來所具有的熱情和興趣，讓孩子產生厭惡感和叛逆的情緒。

涵婕就是很好的例子，其實她小時候對很多才藝是感興趣的，如果順應孩子的興趣去培養，而不是填鴨式的教育方式，涵婕不但應該擁有快樂的童年，還可能成為一個多才多藝的孩子。因為父母過高的要求，讓涵婕產生了沉重的負擔和反叛心理，把原本感興趣的嗜好視為厭惡的東西，以後很難堅持下去。這樣不但才藝沒有學好，心理上也出了問題。

家長強迫孩子學習技藝，孩子不肯專心上課，或者根本沒有這方面的天賦，自然達不到理想的效果，這個時候家長便有「恨鐵不成鋼」的灰心失望，甚至對孩子進行責備打罵。家長對孩子要求過高，過急，讓孩子無所適從，一旦因為達不到家長的要求遭到責備後，還很可能產生強烈的自卑情緒，變得自閉、內向，給孩子的身心帶來極大的傷害。

其實，讓孩子學音樂也好，美術也好，不應該抱著讓孩子成為專家的想法，也不能要求孩子一定要學出什麼成就，當我們用正確的心態，讓孩子在學習過程中陶冶性情，學會做人，在快樂的學習當時，目的也就達到了。

如果孩子沒有這方面的天賦，就當是多瞭解一些知識，當作興趣愛好沒有什麼不好，還可以從中體悟做人做事的道理，培養氣質；倘若確實有天賦，輕鬆快

樂的環境更容易讓孩子的天賦發揮到極致，如果強迫他們去學習，很可能破壞了孩子對某種技藝天生的親近感，毀了孩子的天賦。

愛玩是孩子的天性，在兒童時期多給孩子玩耍的時間是很必要的，很多東西就是在玩耍嬉戲的過程中學到的。當然，這並不是放任孩子整天玩樂，為了讓孩子贏在起跑點上，讓他們適當的學習接觸一些技藝和知識也是必要的，但關鍵是要注意程度上的拿捏。如果真的需要讓孩子學習一些技能，要合理的安排時間，如果不顧一切一味地剝奪孩子休息和遊戲的權利，不但會扼殺孩子的天性，更會使孩子產生反抗的情緒，而且事情都是有其發展規律性的，週末和假期就是為了讓一週忙碌上課的孩子有個放鬆和調整的機會，如果不顧及孩子的承受能力，填鴨式逼迫和灌輸，不但達不到理想的效果，還會影響接下來正常的學習，同時也會對孩子的身體和心理產生不良的影響。

因此，讓孩子學習技藝重在興趣和引導，很多時候逼迫孩子去學才藝反而一事無成，不但勞神還傷財。還不如順其自然，多給孩子一些空間和選擇興趣的權利，讓他們有一個快樂的童年。

## 特質解藥

培養孩子廣泛的興趣。這並不等於幫他們報名各式各樣的補習班，最重要的是從生活的點點滴滴去潛移默化，生活中的小事往往可以發現孩子的興趣和天賦所在，一個稱職的家長，要有一雙善於發掘孩子長處的眼睛。

當孩子對某些技藝感興趣的時候，儘量滿足他們的好奇心，一開始的時候沒必要花大錢請好老師幫孩子上課，只要帶他多方面的接觸，看看孩子是不是真的有興趣，如果只是一時興起，可以藉此讓孩子多瞭解一些知識，如果是長久的熱情，在得到孩子同意後，可以讓孩子進行更深入更有規劃的課程。

其實很多孩子對新事物只是充滿好奇，看見別人去做，自己也想去嘗試，這個時候家長不一定非讓孩子進行深度進修不可，帶他們聽場音樂會，看看畫展等等，滿足孩子好奇心的同時，陶冶一下性情，這也是發現孩子是否具有天賦的好辦法。

當成閒暇時間的嗜好也不錯。當孩子在學習一項技能的過程中，產生了明顯的厭惡情緒後，家長要及時和孩子溝通，問清楚原因。如果是因為在學習過程中遇到了困難，就要協助孩子解決，如果發現孩子真的失去了興趣，不要責備埋怨孩子，而是告訴他們不需要有心理壓力，沒必要一定要學出成績，當成閒暇時間的愛好也不錯。

對孩子的能力要客觀的評價，安排孩子學習技能的時候不要提出過高的要求，只要提出比現有水準稍高的期望和目標，這樣才會使孩子更願意積極去追求，達到最好的學習效果。

## 2. 我是電腦高手

「這台該死的電腦，」爸爸狠命地敲了一下鍵盤，「又當機了！氣死我了，也不知道剛才做的存檔有沒有完成！」

「又壞了？」媽媽聽見爸爸抱怨聲，急忙從廚房跑了過來，「已經請人來修過四、五次了，怎麼還沒有修好？」

說到這裡，媽媽話鋒突然一轉，「是不是你自己下載了帶病毒的程式造的，冤枉了人家啊？我記得昨天我用的時候還一切正常呢！」

爸爸哭喪著臉，委屈的說道：「老婆大人，我是真的沒有下載任何程式，老天作證，冤枉啊……」

媽媽輕哼了一聲，說道：「姑且信你一回！打電話再請人家來修一次吧，真是不好意思！」

「這有什麼不好意思的？」爸爸反問道，「當初買電腦時，售貨員也說了，『全機保固一年』，才只過了四個月，叫他們來修有什麼問題？」

「我的意思是，一來麻煩人家不好意思，二來他們來了這麼多次也沒有修好，再來一次我看可能也一樣！嗯……我在想，上次女兒不是說過讓她看看嗎？不然我們就試試看吧，說不定她修得好呢！」

「不行，不行！」爸爸一聽，臉色立刻沉了下來，「我早就和妳說過了，女孩子就應該學一些適合女生的東西！妳自己看看，每次來家裡的那些技術人員都是男生，那裡有女孩子。我跟妳說，妳千萬不要跟她提電腦的事，我好不容易才讓她聽進我說的話，千萬不能因為妳想省事，把計畫都搗亂了！」

「你還和我發脾氣啊？我懶得理你，女兒的事你自己看著辦吧，我以後不說了！」媽媽努著嘴，走回了廚房。

「我才懶得理妳呢！」爸爸有點生氣，站起身走向客廳，準備打電話給客服。

## Chapter 3
## 你有你的習慣，我有我的嗜好

爸媽的對話讓麗雯聽得火冒三丈，氣得走回書房。

「麗雯，妳臉色怎麼這麼差啊？生誰的氣？」秋萍小心翼翼的問道。

「還有誰？當然是我那個思想保守、頑固不化、不近人情的老爸啦！」麗雯把靠枕狠狠的摔了一下，「什麼『女孩子就應該有個女孩子樣』？現在是什麼年代了？二十一世紀耶……還這麼老土！」

「妳爸爸的思想是保守了點，但他畢竟是為妳好啊！妳不要這樣埋怨他。」秋萍安慰地說道。

麗雯轉過臉，詫異地看著秋萍說：「是不是我爸爸給了妳什麼好處，要妳幫他說話啊？妳不是我的好朋友嗎，一點都不了解我！」

「沒有，真的沒有！」秋萍一看麗雯誤解了自己，趕忙辯解道，「我只是想說妳爸爸的出發點一定是好的！」

「好什麼好？明明知道我對電腦有興趣，偏偏要限制我。更過分的是，他幫我買了一大堆的文學書，要我去讀，簡直悶死我了，一看見裡面的東西我就頭暈想睡覺！昨天還跟我說，幫我報名了一個舞蹈班，說什麼我體型適合，應該去學一下！氣死我了，都沒有問過我的意見！」麗雯大聲的喊道，「還有更過分的呢！家裡電腦最近總是出問題，我跟媽媽說我可以幫忙看一下，他就是不同意，還說什麼那些都是男孩子做的事，女孩子應該注意形象！什麼理論，女孩子為什麼不可以碰電腦？我偏要試試看，下午趁他們不在，拆開檢查了一下，發現是主機板出了問題，所以總是當機，就這點小問題，客服不知派了多少男工程師來修，都沒有修好，竟然小看我！哼……」

「看來妳和妳爸爸之間的誤會很大啊！我覺得妳應該主動、誠懇地和妳爸爸談談妳的想法，或許他能理解妳，不再限制妳發展自己的興趣。就算是一次不成功，多說幾次總會有效果的！」秋萍耐心地開導著麗雯。

「要他妥協？太為難我了！唉……慢慢看吧！我現在就是在他眼前順著他的意思，私下還是搞我自己的一套，我也不想讓他擔心，但也不想因為他束縛我自己！」麗雯無奈的嘆了口氣說道。

在父母的觀念裡，經常會存在男女不平等的觀念，即是是在現代這個提倡平等的社會，這種觀念依然難以改變。其實，這些都是祖先在我們思想中刻下的烙印。

縱觀過去，我們不難發現，古時的人們習慣把男人比作太陽，因為男人渾身上下都散發著能量、激情，是力量的象徵。於是，農田耕作、部隊徵兵、朝廷任職等等諸多領域幾乎都成為男人的天下。相反，人們將月亮與女人聯繫起來，因為夜空中的月亮安靜、溫柔、神祕、嫵媚，這些都是女性所具備的特徵。也是因為這些特徵，古時的女人很少在公開場合露面，他們都會被留在家中相夫教子、縫縫補補，打點生活瑣事。

說到這裡，想必父母和孩子觀念上的落差已經十分明顯了，那就是父母固有觀念與現代思維的衝突與摩擦。一方面，父母這樣做的本意是出於對孩子將來的打算，他們認為女孩子身體瘦小，不宜從事那些需要耗費過多體力的工作，真正適合他們的應該是坐在辦公室裡，不用東奔西跑、風吹日曬的工作。但另一方面，

從女兒的角度來說，學校裡所教授的男女平等觀念已經深植於她的腦海中，而社會上一些女性成功的案例，也使她們深刻地認識到成功不僅僅是男人的專利，所以激發了她想追求成功的欲望。

其實，現代生活中，男女有別的觀念、現象的確是十分嚴重的。只要去參加一次就業博覽會，你就可以切身的感受到箇中滋味。技術類的工作幾乎都是為男士們準備的，而諸如祕書、會計等文職類的工作，女人的優勢就表現出來了。從上面所描述的來看，似乎父母會這樣為女兒擔憂十分正常，但這正是他們犯下的第二個錯誤。

之所以這樣說，是因為父母完全把孩子此刻的興趣誤認為是她今後必然從事的職業。一個孩子對某些事物充滿了興趣，是不是就代表他今後一定會從事相關的工作呢？答案基本上是否定的！因為，每個孩子在某段時期內的興趣不會只有一兩個，它可能包含很廣泛的範圍，只是孩子在其中某項興趣的發展相對於其他而言更顯突出而已。此外，興趣會隨著孩子的成長不斷變化，很少有人可以一直堅持下去。所以，父母因為孩子的興趣而對他未來發展擔憂，確實有些杞人憂天。

父母應該更新自己的思維。經常涉獵現代社會中積極的觀念，並更新自己的觀念，以適應時代的發展。只有這樣做，父母才能真正認識、理解這些生長在現代社會環境中的孩子們。

父母應該尊重孩子對於興趣的選擇。這樣說的意思並不是放棄對孩子的管理，而是有技巧、有策略地引導孩子作出正確的選擇，切忌強迫、命令。

## 特質解藥

如果孩子選擇了自己的興趣，不需苦苦阻止。如果孩子的興趣父母真的無法接受時，首先應該做到冷靜。試想一下，現代社會中所需的人才並不是單一見長，而是全才全能。所以，此時孩子發展的興趣有可能在未來會幫助他們略勝一籌，既然這樣，父母又何必苦苦阻止呢？

最後請記住，興趣並不代表工作。

# 3. 我的樂團夢想

聽著樓上傳來震耳欲聾的聲音，父親的頭皮被震得直發麻。

「現在只要一想起幫他買了那些玩意兒，就覺得後悔！唉……」爸爸無奈地搖著頭。

坐在旁邊的媽媽，抬起頭望著二樓，說道：「這房子都快被他震塌了！當初我怎麼勸你，你就是不聽，還自信地說什麼『要培養孩子多方面的興趣』、『對他成長發展有好處』！現在怎麼

樣？後悔了吧？」

「別說了，別說了！」爸爸苦笑地看著媽媽，「那次我是太衝動了！當時孩子成績考的那麼好，我想好好地獎勵他一下！他說要電吉他和音響，所以就買給他了！」

媽媽才想開口插嘴，就被爸爸打斷了。「本想藉此鼓勵一下他，要他拿出更好的成績。沒想到反而從此之後再也不見起色了！反倒是樂團，做得越來越有樣了！」爸爸嘆了口氣說。

「聽你的意思，好像還挺為兒子高興的嘛！」媽媽譏諷道，「是！以後成為大明星，既風光又能賺大錢！但大明星風光的舞台後面，有多少人倒下，你算過沒有？你要明白，成為明星對於大多數人而言只不過是個夢想！」

接著，媽媽話鋒一轉，說道：「我不想要自己的孩子以後有多大的名氣，或是賺很多的錢！我只希望他平平安安，有個不錯的前途就好！學生就是要專心學習知識！像他現在這樣，把大部分的時間都放在樂器上，就是不務正業！我是百分之百的不支持！不努力讀書，就考不上好大學，以後怎麼能有好前途？」

爸爸被媽媽說得悶坐在那裡。突然，他用力的點點頭，說道：「說得有道理！我現在就上樓去跟他說，非要把他從現在的歪路上拉回來不可！」

晚上，小圓和其他夥伴坐在一起，為他們樂團的後期工作做籌畫。大傑首先發現了小圓的異樣。

「怎麼啦？有什麼不爽？」大傑拍了一下小圓的肩膀，大聲地問道，「總是低著頭發呆！有事就說出來，我們一起幫你出主意！」

「你們幫不上忙的。」小圓為難地說道，「嗯……我知道，大家為樂團的事費了不少心，我先向大家說聲對不起了！我……我……想退出樂團！」

屋子裡瞬間安靜了下來，大家都驚訝地盯著小圓，要知道小圓可是這個樂隊的元老，最早的發起人。

「你說什麼啊？」大傑生氣地說道，「我們已經做了那麼多，怎麼能說放棄就放棄呢？」

「我也不想，可是……」小圓鬱悶地坐在位置上說，「我爸媽都說我不務正業，只知道玩音樂不知道正常課業！」

「那你也覺得你現在所做的是不務正業嗎？如果你是這樣認為，那我也沒什麼好說的！」大傑手一甩，不再看小圓。

「當然不是！」小圓慌忙擺手說道，「我真的是太愛音樂了！怎麼會把它看成……我的成績是什麼水準，我心裡最清楚，再努力也不會有太大的起色！可是我父母不這麼想，他們覺得我能夠考得更好，只是因為玩音樂才耽誤了！所以他們才這樣不理解我！」

大傑覺得自己誤會了小圓，安慰他說：「是我錯怪你了！可是你有沒有想過，一味順從父母的意思，不一定會給你帶來好處。你應該有你自己的想法，走你自己的路，我覺得你應該再仔細考慮一下，記住，天下沒有後悔的藥可吃！」

大傑的一番話，說到了小圓的心坎裡。小圓看了看周圍一起為樂團奮鬥的朋友，一股莫名的力量瞬間流遍全身。「你說的對！我不能這麼輕言放棄！我要回去告訴父母，我不是不務正業！」

小圓其實是一個很有音樂天賦的孩子，可是爸爸媽媽卻沒有發現，他們執意認為孩子整天玩樂團就是不務正業，根本沒有深入瞭解自己的孩子，他們實在是不合格的父母。

生活中，很多父母都按照自己的意願去培養孩子，而不是從孩子的成長和興趣去考量。不去考慮孩子感受的結果，更是很少讓孩子為自己的興趣作主。

每一個孩子都有自己的特點和天賦，我們常常說因才施教就是這個道理，如果忽視孩子的天賦和興趣，很可能扼殺孩子成功的機會。

有一則寓言說，森林裡要制定一個學習規則，要求動物都必須掌握一些必要的技能。

在森林大會上所有的動物爭得不可開交：豹子說，所有的動物都應該學會跑步，要跑得很快；老鷹說，所有的動物都要學會飛翔，還要飛得很高；烏龜說，動物不但要學會爬行，更要學會游泳；猴子說，爬樹才是最重要的本領……

最後，彙總所有動物的意見，制定了森林動物基本技能考核，跑步、飛翔、游泳、爬樹都被列為考核範圍之內。最後的結果可想而知，豹子跑得最快卻全然不會飛；老鷹飛得最高卻不會游泳；烏龜雖然既會爬行又會游泳，卻是跑得最慢的；猴子爬樹是能手，卻怎麼也飛不起來——每個人都有自己的天賦和特長，強迫他們做自己不擅長的事情是很困難的。如果能夠因材施教才可以真正達到理想的效果。

小圓是一個對音樂既有興趣又有天賦的孩子，如果能夠及時發現並認真培養，很可能孩子成為音樂家的夢想真的可以實現。就算不能取得偉大的成就，如果孩子夠執著努力，以後也可以依靠音樂過生活。但是，如果父母一意孤行，執意要扼殺孩子的天賦，不但很可能使孩子荒廢了音樂的天賦，在文化陶冶方面也是一事無成，甚至可能產生叛逆傾向，和父母的隔閡越來越大，這樣會更加不利於孩子的教育和成長。

小圓和父母在學習音樂上想法不同還有一個重要原因，那就是父母觀念太過傳統，認為孩子應該以升學課程為重，只有這樣才能有所謂美好的未來，如果把精力轉到其他的地方，就是不務正業，就不是該走的正常道路。他們認為學習音樂不是正經的出路，當成業餘愛好就可以了，絕不能作為以後的專業。

而小圓知道升學課程很重要，但自己更喜歡音樂，在音樂方面更勝一籌，希望在自己的專長有所發展。

其實，小圓的父母應該多聽聽孩子的想法，轉變觀念。當然，要想在音樂方面有所造詣，光憑勤奮是不夠的，還需要天賦，因此對於大多數平常人來說，認真學習學校的知識才是成功的捷徑，但並不是代表所有人都要靠這一條路走向成功，對於那些在音樂方面有天賦和興趣的人來說，很可能音樂可以給他們一個更輝煌的未來。

很多父母認為學習音樂要花費很多金錢，付出更多的努力，失敗的人很多。其實做任何事情都要付出加倍的努力，都要有勇氣承受失敗的打擊，才會一步步走向成功，沒有人能隨隨便便獲得成就，學習音樂如此，成為明星如此，做學問也是如此。

只要孩子自己有興趣，有夢想，他們就早已做好了接受挑戰的準備。

## 特質解藥

有一雙善於發現孩子天賦的眼睛很重要，從小就要多觀察孩子的一舉一動，看他在哪些方面表現得與眾不同，對哪些事物有特別的興趣。

愛拆玩具的孩子也許會成為發明家，喜歡在牆上亂寫亂畫的孩子可能在繪畫方面特別有天賦，總是叮叮噹噹製造噪音的孩子也許在創作屬於自己的旋律。

不要在萌芽時期就扼殺孩子的天賦和愛好，發現孩子的天賦和特長之後，應該多請教、多諮詢，以正確的方法進行引導。

聽聽孩子的想法。

當發現孩子的發展方向和自己的希望產生分歧的時候，坐下來和孩子談談心，聽聽孩子的想法，看看他們是一時的衝動，還是長久的執著。如果孩子確實有自己的夢想，並且有實現的可能，告訴孩子：「爸爸媽媽永遠支持你！」

不要輕忽或者蔑視孩子的夢想，耐心地坐下來看孩子的表演，可能會讓你驚訝，聽聽孩子樂團的演奏，看看孩子的作品，或許你可以改變想法和初衷。

給予孩子積極的引導。如果孩子的夢想確實脫離實際，父母不要一味的嘮叨甚至大罵，如果孩子執意要在某些方面發展，父母可以找一個專業人士開導孩子，讓專業人士告訴孩子他不適合這一行，他在其他方面可能更有發展前途，但一定要注意不能挫傷孩子的自尊心。

告訴孩子，要為自己的選擇負責。如果決定滿足孩子，按照他們的興趣愛好培養他們的時候，告訴孩子，既然選擇就要堅持，鼓勵孩子堅持不懈，努力實現自己的夢想。

# Chapter 4

# 和孩子一起慢慢長大

剛剛脫離父母的懷抱，走進課堂的孩子對一切都是好奇的，他們有很多奇怪的想法，古怪的行動，他們可能會在不經意間闖禍，會莫明其妙的難過，父母的理解和關心是他們最大的依靠，不要認為在公司加班、在培訓班學習才是充實自己，多關心一下孩子，你會發現其實自己也和他們一起在慢慢長大。

# 1. 孩子對不起

瑞勝進入旅遊行業已經有些年頭了，光看工作的業績及他的能力，公司沒有理由不給他升遷的機會。然而事實卻是不升反降。

原來，總公司下屬的一個子公司急需一名高階主管，但由於其地理位置十分偏僻，再加上內部傳出要關閉它來控制營運成本，所以發展前途更加渺茫。正是這樣一個被大家認為邊疆地帶的地方，上層卻通知瑞勝去負責。表面上看，似乎是支援借調，可明眼人都看得出來，這其實是「發配邊疆」。

接到通知後，瑞勝也主動找過上司，希望董事會能重新考慮人選，但得到的答覆卻是「不去就離職」，「這是對你的信任和考驗」等等。最終，瑞勝還是在「離職」的威逼下妥協了，畢竟在這個經濟不景氣的時代，找份工作不容易。

Chapter 4

## 和孩子一起慢慢長大

抱著一絲期待，瑞勝進入了新的工作崗位，希望能靠自己的經驗和能力改變這裏的境況。但僅僅工作了一個月，他就選擇了放棄，因為無論他如何加班、努力，都無法改善局面，看來這裏關門走人已是時間早晚的問題了。

在回家的路上，瑞勝回想起自己曾經為公司所作出的貢獻，又回想到了被公司「發配」到「邊疆地區」，心中真的是此起彼伏。一進家門，便把公事包往沙發上一扔，獨自回到臥室躺在床上發呆。

早早放學回家的家棟，似乎沒有發現到爸爸心情很不愉快，便跑到爸爸身邊纏著他，要他陪著一起組裝模型玩具。

「功課做完了沒有啊？」瑞勝儘量耐著性子問著兒子。

「還沒有做！等吃完飯再做！」家棟笑著說。

「沒做完功課就玩，那怎麼行？趕緊去做！爸爸有點累，先休息一下！」瑞勝用略帶責備的口氣說。

一聽爸爸不陪自己玩，向來愛撒嬌的家棟，坐在臥室的地毯上開始裝哭，而且大聲嚷著「爸爸最討厭了，都不陪我玩」。

或許是心中的怨氣積壓太久的緣故，從來沒有動手打孩子的瑞勝，狠狠的打了家棟屁股兩下。從沒看過爸爸如此生氣的家棟真的嚇壞了，本以為自己裝哭，爸爸就會陪著玩，沒想到結果竟會是挨打。

瑞勝又大聲訓斥了孩子幾句，就把家棟趕到了臥室外面，叫他自己好好反思。隨後「嘭」的一聲，將門緊緊的關了起來。

家裡一片寂靜……

瑞勝的妻子今天有點事，所以回來的比平常晚了一些。可剛進門就覺得家裏氣氛不對，一邊是老公抽著煙若有所思的看著報紙，一邊是孩子躲到一角不停的擺弄著自己的衣服。

「今天這是怎麼了？誰也不理誰！往常可不是這樣啊！」妻子開玩笑的說。

「妳去問他，這孩子越來越不像話了！」瑞勝抬起頭生氣的說。

「你……」妻子吃了一驚，趕忙拉起瑞勝走向臥室，「走……走走，進房間說！」

關上門，妻子壓低聲音說：「你這是什麼態度？不怕嚇壞了孩子啊？」

「他就知道玩……玩！什麼都不知道！看見我心煩還纏著我陪他！這都是妳的錯，妳看妳把他都慣成什麼樣了？」

「我的錯？你想想看孩子還這麼小，他哪裡懂得那麼複雜的大人世界！你想讓他猜你的心思，也太難為他了吧！你心煩是因為工作不順心，但你不能把這些不滿轉移到孩子身上！」妻子嚴肅的說。

其實，瑞勝在打完家棟後就有點後悔了，但打都已經打過了再說什麼都晚了，而且身為一個父親的尊嚴和面子，都讓他不得不繼續逞強下去。這回，聽到妻子的一席話，他頓時覺得心底的氣消了一大半。

「但我已經打了，恐怕孩子不會那麼輕易原諒我吧？」瑞勝放下架子，注視著妻子。

「什麼？你還動手了！唉……等一下我先去安撫他，然後你就隨機應變吧！」

「寶貝！今天爸爸是不是欺負你了？」妻子笑著摟著家棟問道。

看著兒子委屈地點頭，媽咪儘量溫柔地說道：「其實啊爸爸不是故意的，爸爸最近工作特別忙，心情就變壞了……嗯，剛才媽媽已經開導過他了，他也承認自己做錯了，想過來跟寶貝說對不起，你說你能原諒爸爸嗎？」

家棟看了看爸爸，又轉過頭看著媽媽，使勁的點了點自己的小腦袋。瑞勝見機不可失，立刻抱起孩子，眼神懇切的說：「寶貝，對不起！是爸爸做錯了，以後爸爸保證不再犯了！」家棟笑著摟住爸爸的脖子，狠狠的親了他一下。

「對了，剛才爸爸說打了你的小屁股！」媽媽擺出一副大法官的樣子，「現在媽媽判你可以回打爸爸屁股，懲罰他犯的錯誤。」

「我不要打爸爸！家棟不聽話惹爸爸生氣，爸爸沒錯！不打，不打……」家棟晃著頭，大聲說著。

一聽這話，瑞勝激動的不得了，用雙臂將孩子緊緊的摟在懷裏……

## 特質解藥

對孩子說「對不起」，這在一些父母的眼中，似乎是一件難以啟齒的事情！正是因為這個原因，他們對自己的錯誤總會「萬般抵賴」、「死不承認」，怕在孩子的面前失去面子和威嚴！但仔細想想，那些時時刻刻教育孩子知錯就改，而對自己出現的問題卻忽略不計的父母，又怎能成為孩子心目中的榜樣呢？在要求孩子的同時，請同樣的要求自己！

# 2. 考試不及格

小民一進門就滿臉的不高興，話也不說的回到了自己的臥室。在廚房裏準備晚飯的媽媽，看出了小民的不悅。她沒多說話，只是輕輕的走到爸爸身邊拍了拍他。爸爸正聚精會神的在看電視，根本沒注意到兒子已經回來了。他不耐煩的看了妻子一眼，問道：「什麼事啊?正看到精彩的地方，讓你給打斷了!」

「你就只知道看電視，你沒發現孩子的臉色不好看嗎?還不趕緊去問問!」妻子一邊抱怨一邊催促道。

「這小子回來了?我怎麼沒看見啊!正想問他考試結果出來沒!嗯……聽你剛才的意思，我猜他一定沒考好!」小民的爸爸忿忿的說，一副恨鐵不成鋼的樣子。

「進去問問不就知道了！」妻子一把將丈夫從沙發上拉了起來，推到了小民臥室門口。

「小民，怎麼不高興了？可不可以讓爸爸進去啊？」爸爸在門口用盡可能溫柔的聲音呼喚著。可是，臥室內一點回應都沒有。就在小民的爸爸琢磨該怎麼辦的時候，門輕輕的開了，小民淚眼汪汪的從裏面走了出來。

畢竟是自己的孩子，看見這幅情景，做爸爸的心怎麼能不柔軟下來呢？小民的爸爸用他的大手，輕輕的擦拭著孩子的眼淚，問道：「到底是怎麼一回事？是不是因為考試沒考好啊？」

小民傷心的點了點，畏畏縮縮地說：「嗯！這次考試不僅沒考好，還……還……不及格！」

「不及格？」爸爸心裏暗暗吃了一驚。雖然孩子每次的考試成績都不理想，但至少還維持在中下的程度。出現不及格，這還是頭一次。

正在爸爸沉思的時候，小民「哇」的一聲哭了起來。「考試不及格，我真的很難過！老師還在全班面前責備我說，就是因為我的成績使得班級的總體排名退步了兩名！同學們現在也不理我了！」

「怎麼一點反應都沒有啊？快說點話啊！」小民的媽媽站在廚房門口不停的給爸爸使著眼色。可是無論她怎麼做，爸爸還是一言不發。她放下鍋鏟，快步走到兒子身邊，抱了抱他。

「小民啊！你猜爸爸媽媽當初為什麼要把你送進學校？」

小民想了片刻，說：「讓我考滿分？」

「呵呵，這只是我們最小最小的願望而已！」小民的媽媽笑道，「其實我們最希望你學會的是人品和道德！是不是不太明白啊？就拿前天發生的事情說吧！樓上的張奶奶去買東西，被你遇見了，你馬上就過去幫張奶奶把東西送回了家！還有看見走失的小狗，你就一直陪在那裏直到小狗的主人將牠領走！寶貝，其實在這方面你

已經做得很出色了！很多鄰居都很羨慕我，有你這樣一個懂事、有禮貌，還熱心幫助別人的孩子！媽媽真的感到非常的驕傲！」

小民聽見媽媽誇講自己，一下子破涕而笑。媽媽繼續說道：「學習成績在某些地方確實很重要，但學會如何學習這才是最關鍵的！雖然你的成績不夠理想，這並不能證明說你就比別人差。你上國小只不過兩年時間，還處在調整和適應階段，媽媽相信你以後的表現會越來越出色。不要因為老師的一句話，就放棄噢！媽媽相信你！」

「說了這麼多，也不知道你聽懂沒？沒關係的！以後你就會慢慢明白了！」媽媽輕輕的拍著小民的小腦袋瓜說。

小民使勁的點著頭，讓媽媽相信自己已經明白了。

「既然沒事了！先去收拾一下自己的東西，然後我們按時開飯！」悶了好久的爸爸，突然大聲的宣佈。

趁兒子回房收拾東西，小民的爸爸偷偷的向媽媽豎起大拇指，低聲的說：「厲害，佩服！說實話，聽見兒子考不及格我真的是嚇呆了！你的反應蠻快的嘛！道理還整一套的咧！」

媽媽笑著拍了拍胸口，大步的走進了廚房。

## 特質解藥

小孩的心靈是十分脆弱的！哪怕是小小的一個打擊，都有可能對未來的發展產生嚴重的影響。怎麼樣才能避免這種情況發生？這自然缺少不了父母的細心觀察和真心呵護。發現自己孩子的過人之處，緊緊抓住時機誇獎，樹立孩子的自信。這樣，才能為小孩未來成熟性格的形成，打下紮實的基礎。

# 3. 寵物死了

天寶也記不清爸爸是什麼時候開始迷上養烏龜的，只記得媽咪總是跟奶奶抱怨自己在老公心裏沒有地位，說她在家只排第三，第一位是寶貝兒子，第二位就是烏龜。

說起養烏龜，天寶的老爸也是經歷了不少的痛苦離別。剛養第一隻烏龜的時候，天寶的爸爸可以說是一竅不通，還沒弄清楚自己買的龜種是哪類，就自以為是的將小烏龜放進了早已備滿水的魚缸裏。結果，沒兩天就發現烏龜一動也不動的趴在缸底，死翹翹了。後來，問了寵物店的人，才知道自己養的是陸龜，真的鬱悶之極啊！

經過這次教訓，天寶的爸爸學到了不少養龜的技巧。雖然在隨後的日子裏，

很多龜寶寶都成了他試驗的犧牲品，但最終這隻卻讓他成功養活了。由此，足以看出這隻烏龜對天寶爸爸的意義。

天寶六歲的時候，第一次近距離的接觸了家裏這名特殊的成員。當時，烏龜緩緩的在天寶爸爸腳上爬著，目標直指另一側放著的胡蘿蔔。就在爸爸蹲在那裏，興致勃勃的關注著自己的小可愛時，天寶的小手冷不防的從身後伸了過來，一把抓住了牠。看著烏龜四腳朝天，痛苦的扭來扭去，爸爸的心疼的不得了。

其實，那時的天寶就只是好奇，只想弄明白爸爸為什麼喜歡牠，難道是這個東西有什麼特別之處？天寶前摸摸頭，後拽拽尾，翻過來又翻過去觀察了半天，還是沒找出答案。或許是天寶的舉動嚇到了牠，烏龜立刻將身子縮回了殼內。天寶拍了拍龜殼，看烏龜沒有出來的意思，於是高高的舉起了小烏龜。這個動作天寶的爸爸是再熟悉不過的——要往地上摔，爸爸一個箭步衝過去，從天寶的手裏救回了烏龜。

現在天寶已經八歲了，與烏龜相處的這些年也使他漸漸的接受了家裏這名特殊的成員。一天，天寶的爸爸正在看報紙，天寶跳到沙發上，鑽進爸爸的懷裏，

開始不停的撒嬌。爸爸一笑，心裏已經明白了七八分。

「喲……喲……癢死我了，哈哈！又有什麼事求我啊？我猜猜啊！肯定是要買玩具……嗯，要不就是想吃冰淇淋！」爸爸用手指頭點了點天寶的額頭，笑著說。

「都不對！」天寶壞笑的說，「是想跟您借一樣東西！」

「借我的東西？」爸爸有點想不通了。他左思右想，好像沒什麼可以借給天寶的啊！

「嗯，就是您的小寶貝！」

「咦，你想借自己？什麼意思？」

「不是我，是您另外一個寶貝——烏龜！」天寶撒嬌的說。

爸爸一聽，心裏緊張了一下。「你怎麼突然想借烏龜了？」爸爸詫異的問天寶。

「人家班上很多同學都有自己的寵物。前天，帥帥還把他養的黃金鼠帶到學校了，好可愛喔！我也想有一個屬於我自己的寵物，所以就想起了家裏的烏龜！」天寶激動的跟爸爸說。

「哦，是這樣啊！可是你不會養，怎麼辦啊？」爸爸有點不想借，故意找了個理由說。「沒問題啊！爸爸可以教我，我保證我會用心學！」天寶急忙回答說。或許天寶看出了爸爸為難的樣子，於是加大了自己撒嬌的「攻勢」。爸爸最終還是舉雙手投降，同意了！

隨後的日子裏，爸爸從觀測溫度、清理水池到餵養烏龜、營養搭配，一點一滴的向天寶傳授著多年來的經驗。而天寶認真學習的態度，也使爸爸當初緊張的心漸漸放鬆了下來。

經過兩個星期的培訓，爸爸決定將烏龜交給天寶餵養。第一次擁有自己的寵物，天寶興奮的不得了，無論是幹什麼，只要有空就會跑過去看看烏龜怎麼樣了！爸爸看見後，心裏別提有多得意了，「嗨，真是我兒子！和我剛養烏龜時的樣子一模一樣！」

某天，天寶的爸爸接到上司緊急通知——遠赴歐洲為那裏的分公司提供緊急技術支援。上飛機前，爸爸突然想到了家裏的小烏龜，不停的囑咐天寶一定要照顧好，天寶也拍著胸脯自信的說沒問題。

然而這個承諾並沒有維持太長的時間。要知道始終毫無變化的不停重複做同一件事，那對一個孩子來說，其結果必然是興趣逐漸降低。而天寶自然也不會例外，在爸爸離開的前一個月裏，他對烏龜的熱情已開始急劇下降。

正是因為這種態度的變化，發生了後面這件可怕的事情。

「今天陽光不錯！」天寶看著窗外，「已經好幾天沒讓烏龜曬曬太陽了！」

天寶一邊想一邊跑到池邊，將烏龜撈了出來放到陽臺上。而這時，好朋友又在樓下叫天寶出去玩。看了看趴在地上懶洋洋的烏龜，天寶喃喃自語的說：「我只出去玩一會兒！把牠放在陽臺上又會不見了！沒事的……」拿定主意後的天寶，快速的換好衣服衝下了樓。

兩個小時過去了，玩得十分盡興的天寶突然想起了家裏的小烏龜，急忙往家裏跑。剛一進

門，就發現媽媽板著臉坐在沙發上，再看茶几上，一個扁扁的綠殼放在上面。

「這烏龜怎麼跑到客廳裏來了？」媽媽嚴肅的問。

烏龜死了，天寶呆呆的站在門口。等回過神時，媽媽正盯著他看。天寶知道事情始終是瞞不住的，於是壯著膽子告訴了媽媽。

看著孩子懊悔的樣子，媽媽靜下心來，緩緩的說：「這次的教訓對你來說真的再深刻不過了！平時媽媽和爸爸總教導你，要持之以恆，你也總是點頭稱是，現在看來你根本都沒有把那些話放在心裏。烏龜雖然是媽媽無意間踩死的，但這個意外始終和你脫不了關係。爸爸這麼喜愛牠，而現在卻因為你的疏忽……以後怎麼讓爸爸放心的把事情交給你做呢？」

天寶的淚水在眼眶裡打著轉。媽媽頓了一下，接著說：「還是給爸爸打個電話說一下吧！請求爸爸的原諒！爸爸畢竟是大人，不會和你計較的！但媽媽希望經過這件事後，你能好好考慮一下自己身上存在的這些問題！」

## 特質解藥

小孩的愛心和耐性並不是一蹴而就的事，這需要慢慢的積累和培養。當然過程中難免會出現一些小「插曲」，但請記住「插曲」已經發生，埋怨或是指責批評也不會使時間倒流！如果處理不當，還會嚴重傷害孩子的激情！耐心的找出問題，幫助孩子克服它們，才是避免「插曲」反覆發生的最終方法。

# 4. 打架

最近小新的媽咪麗慧忙得不可開交，除了晚上休息，基本上都要留在公司加班。一天，麗慧又被經理叫去談工作，可是才剛談到一半，她的手機就震了起來。麗慧覺得此時接電話對經理十分不禮貌，所以裝作沒事一樣。奇怪的是，麗慧的電話並沒有因為她的不理不睬而中斷掉，反而一遍催得比一遍還急，顯然是有什麼大事發生了。麗慧一邊忍耐著，一邊祈禱會議快點結束。

終於，冗長的會談結束了。麗慧看著手機上顯示的十餘通未接電話——全是來自小新學校，心中大呼不妙。

小新平時說話十分有禮貌，做事細心，而且特別愛幫助別人，一直是社區內人見人愛、人見人誇的好孩子。所以，有這樣一個孩子，麗慧覺得非常欣慰，她

也從來沒有為孩子的事而擔心受怕過。這次真的不同，學校這麼急著找她肯定和孩子有關。在去學校的路上，麗慧的心都快跳出來了，只盼著能快點到學校，看看小新怎麼樣了！

校長室裏，小新和同班的「胖子」站在辦公桌前低著頭聽著校長訓話。正在此時，門口出現了小新媽咪的身影，她一個箭步跑到小新面前，抱著小新急切的問道：「孩子，你沒事吧？」小新咧著被打紅的小嘴笑著說：「媽咪，我沒事！」說完還輕蔑的瞟了「胖子」一眼！看著孩子受傷的小臉，麗慧心疼的一遍又一遍的撫摸著。

這時，坐在一旁的校長說話了，「您來得正好，今天還沒上課，有人看見他們兩個在教室裏打架，我立刻趕過去了，並把他們帶到了這裏。

現在事情的原委，我已經調查的比較清楚了……」校長有條不紊的把整個事件的經過向麗慧進行了描述。

原來，事件的起因發生在前一天放學的時候。當時小新收拾好書包準備自己回家，同班的「胖子」就在班上起鬨，說小新的媽咪不要他了，這麼多天都不來接他等等。小新雖然知道「胖子」是班上的「造謠大王」，但聽了他的話心裏還是十分難受。他低著頭，沒有做任何反抗，一個人走出了教室。

本以為事情就這樣過去了，但第二天在上學的途中，小新總覺得有人在他背後指指點點，回過頭後卻見那些小孩裝作若無其事的樣子躲到了牆邊。一進校門，好朋友小川就湊了過來，安慰他說：「我都聽說了！沒關係，你看我沒有爸爸還不是一樣過得很開心，別難過了！」這時，小新才明白為什麼那麼多人偷偷的在瞄他，當然他也知道是誰放出的謠言！他把書包丟給小川，衝進了教室，緊接著教室裏就傳出了女生的尖叫聲，「小新和『胖子』打架啦！」我到的時候，就發生了故事開頭的那一幕了。麗慧驚訝得瞪大了眼睛，因為她一直相信孩子有什麼事情都會告訴她，不管是委屈的事還是開心的事！她轉過頭，急切地問道：「小新，為什麼昨天晚上沒有跟媽咪說起這件事情呢？」小新難過的低下頭，輕輕的嘟囔著：「我看見媽咪回家時已經好累好累了，所以就把本來想和您說的話又都吞到肚子裏了！」

麗慧的身子一顫！原來孩子是關心自己，才沒有說的！麗慧再也忍不住自己的眼淚了，她一把把孩子摟到懷裏，哭了起來。小新一看媽咪哭了，趕緊拿出自己的手帕幫媽咪擦眼淚，還安慰著說：「媽咪，是不是小新害您生氣了！我知道錯了，媽咪不要哭啊！」

「不……不！是媽咪做的不好，做錯事了！」麗慧慚愧的看著小新。「媽咪真的不知道那樣做不對，你原諒媽咪好嗎？」小新聽得是一頭霧水，但他還是使勁的點了點自己的頭！

恰在此時，「胖子」的家長也趕了過來！校長再次講述了事情的經過！看見被自己孩子打傷的小新，他們連忙賠禮道歉，並承諾所有的醫藥費都由他們支付！沒等麗慧說話，小新先開口了：「沒事的，我沒受什麼傷！再說，『胖子』也被我咬了！」麗慧盯著說話的小新，心裏感慨地說：「孩子長大了！真的長大了！」

她微笑的看著「胖子」的父母，說：「其實整件事都是一場誤會造成的！再說，小孩子打架也是正常的事情，所以也不必追究什麼了！」

「胖子」的父母聽了麗慧和小新的話，心裏愧疚的不得了！連忙叫孩子向小新道歉！「胖子」不情願的低下頭，說：「阿姨，我錯了！小新，對不起！」小新則大方的伸出手，說：「沒關係！握個手，咱們以後還是好朋友了！」「胖子」抬起頭，笑著握住了小新的手。

晚上，麗慧刻意提早回家，為孩子準備了一桌豐盛的飯菜。小新做完功課從同學家回來，一進屋就聞到飯菜的香味。他興奮得大聲喊著「媽咪」，衝進了廚房。麗慧摸著孩子的頭問道：「今天乖不乖？」「乖……」小新撒嬌的說著，「你走之後，『胖子』就在班上誇說我的媽咪對我如何如何的好，根本沒有不要我！同學們都羨慕我羨慕的不得了！」

「真的啊？」麗慧笑著說，「那就再告訴你一個好消息，媽咪可以休假了！從明天起恢復對你的接送，附加每天營養豐富的早中晚餐！」

「耶！」小新激動的跳來跳去！

麗慧接著說：「經過今天的事，媽咪覺得你真的長大了！那麼既然長大了，你和我就來一個『君子約定』吧！」

小新一挺胸，說：「沒問題！」麗慧抱住小新，說：「以後有心事不要憋在心裏，要跟媽咪說，還有就是問題不是用暴力就能解決的，明白嗎？」

小新使勁的點了一下頭：「嗯！那現在是不是可以吃飯了？」

「小傢伙！就是知道吃！」麗慧輕輕的拍了一下小新的腦袋瓜。「嘻嘻……」

## 特質解藥

沒有孩子喜歡無緣無故的打架。之所以需要拿起拳頭，要麼是為了證明自己的強大，要麼是為了維護自己的尊嚴和在乎的事物。孩子打架固然是錯的，但身為父母，在責怪孩子之前不妨先想一想，這場架，是不是在為了維護你們的尊嚴而打的呢？

# 5. 今天我當家

「媽媽洗個蘋果給我！」

「媽媽今天的菜不好吃！」

「媽媽我的書桌上有很多灰塵，好髒啊！」

寶雄總是不停的煩媽媽，爸爸有些生氣了，可是很快就平靜下來。

爸爸對寶雄說：「寶雄，媽媽每天要上班，還要做家務很辛苦，很多事情你都可以自己做，為什麼總是叫媽媽呢？」

「這些也是媽媽的工作啊？媽媽當家嘛！」

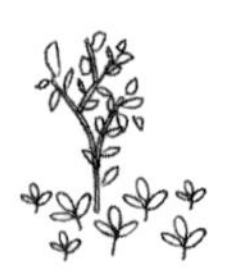

寶雄不以為然的撇了撇嘴巴。

「當家可沒你想得那麼簡單！」

「當家有什麼難？這比起我寫作業，上補習班要輕鬆多了！」寶雄振振有詞的說。

「明天是週末，你不用去上補習班，就讓你當一天家，好不好？」

「真的嗎？什麼都是我說了算？」寶雄似乎很感興趣。

「可以，你說了算，爸爸把明天一天的開銷都給你，你可以自由支配，不過家裏大大小小的事情都由你做哦！」爸爸笑著說。

「沒問題，不就是做家務，買菜煮飯嗎？我當家一定比媽媽強上一百倍，這肯定比上補習班有意思多了！」寶雄很興奮的說。

第二天一大早爸爸媽媽就聽見廚房叮叮噹當的響起了變奏曲，知道肯定是寶雄開始當家了。

寶雄還算是個比較盡職盡責的孩子，把鬧鐘調得很早，然後出去買早餐，又熱了牛奶，煮了咖啡，雖然一切順利，但還是有些手忙腳亂。一不留神，牛奶煮溢了出來，頓時寶雄急了一頭汗。

好不容易大功告成，寶雄還是裝作很得意的樣子，到房間喊爸爸媽媽吃早餐。

「寶雄，感覺怎麼樣？」

「沒問題，以前都幫媽媽做過。」

不過看著寶雄滿頭大汗的樣子，爸爸媽媽還是對視的笑了一下。

早餐過後，爸爸媽媽收拾一番就出門了，留下寶雄一個人在家，讓他真正的當一天小管家，出門前爸爸還壞笑的說：「寶雄，我們回來可要吃大餐喔！」

「沒問題！」寶雄拍著胸脯很有自信的說。

爸爸媽媽一出門，寶雄就開始了自己的大工程，一定要給他們一個驚喜，整理家裡還不簡單？

說做就做，寶雄開始了他的打掃工作，可是沒多久就累得腰酸背疼，奇怪了，平時也幫媽媽做過家務怎麼就沒覺得那麼累呢？寶雄拿著拖把，突然想起老師上課講的成語「手無縛雞之力」，的確，現在的寶雄拿著拖把不像是拖地，更像是拿著一枝大毛筆在地上亂寫亂畫。

沒多久就已經快要中午了，看著被自己越整理越亂的家，寶雄有點著急了，草草的收了尾便跑到菜市場買菜。

在市場裏，寶雄眼花繚亂，面對琳郎滿目的蔬菜和水果，要買什麼好呢？哪些是新鮮的也看不出來，不知所措的寶雄在市場裏來來回回走了幾趟。

「小朋友，買點新鮮的小黃瓜吧？」

寶雄停下腳步看著粗粗壯壯的小黃瓜，上面長滿了小刺，很扎手，寶雄特意挑選了光亮沒刺的，買菜的阿婆笑了：「小黃瓜要選長滿刺的才新鮮！」

寶雄這才知道選菜原來也有很多學問呢！

選好蔬菜和水果，寶雄看了一下時間，天哪！已經中午了，爸爸媽媽說不定已經回家了，做飯肯定來不及了，寶雄只好先買了便當帶回去吃。

一進門，就看見爸爸媽媽在餐桌前正等著寶雄，看著寶雄手裏的便當笑著說：「今天中午吃便當嗎？」

「哦……，早上進行了大掃除，所以中午你們先吃便當吧，菜我都買了，下午給你們做大餐吃！」寶雄低著頭快步走進了廚房，接著迅速回頭補充道：「我

只有小學六年級好不好，不要對我要求那麼高嘛！」

「好好好，小主人，今天都聽你的！」

午飯後寶雄累得四腳朝天真想好好休息一下，看著一大堆的碗筷，有點無奈，回頭看了看媽媽，媽媽居然立刻起身回了臥室。

沒辦法，寶雄只好極不情願的開始洗碗。

下午依舊只有寶雄一個人在家，還好不用花時間出去買菜，可是做飯也是很麻煩的事情，原來胸有成竹，但真的開始自己動手才發現，所有的事情都做不好了，枉費了自己費了九牛二虎之力，竟然所有的食材都變成了垃圾，沒有可以吃的東西了，廚房更是搞得一片烏煙瘴氣！

寶雄開始坐在沙發上發脾氣了：「我還是個小孩子嘛，讓我做這麼多事情怎麼做得好？」

想想媽媽每天有條不紊的做家務，突然覺得當家確實不容易。

晚餐自然不是什麼大餐，是三碗熱騰騰的泡麵。

「媽媽，我當一次家就夠了，好累！」

媽媽笑了，「這下知道媽媽有多辛苦了吧？」

「小孩子還是要努力讀書，上補習班其實也沒那麼痛苦！」寶雄自我解嘲道。

「所以當家不容易，更何況媽媽每天還要上班，回家還要照顧我們，這下懂得體諒媽媽了吧！」

「媽媽，我突然覺得您真厲害，以後像洗水果這樣的小事就交給我好了，雖然我還不能當家，但是還是可以自己的事情自己做，沒事的時候幫媽媽做家務。」

「寶雄今天沒有白當家，雖然爸爸媽媽沒有吃到你做的大餐，但是聽到你說的話，吃著熱騰騰的泡麵心裏也很開心。因為寶雄懂得體諒媽媽，懂得自己的事情自己做了！」

爸爸媽媽會心的笑了！寶雄反而有點不好意思，可是終究還是親身體會到了爸爸媽媽的辛苦。

## 特質解藥

孩子總是享受著來自家長的關愛，很多時候不能理解父母的辛苦，枯燥的說教不如讓他們親身體會。讓孩子當一天家，目的不是讓他們做多少家務，而是要讓他們親身感受當家的不易。給孩子一天當家的大權，看似「缺席」一天，但卻是父母的良苦用心，當孩子真正體會到了父母的辛苦後，他們才會懂得感恩，學會體諒。

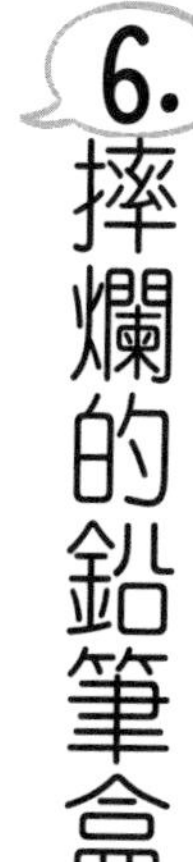

# 6. 摔爛的鉛筆盒

上課鈴響了，大家都回到了座位上，雨帆卻發現自己的鉛筆盒不見了。是不是剛才放到書包裏了？還是放在書桌抽屜裏面？雨帆這樣想著，可是在書包和書桌抽屜之間翻找了好幾遍都不見蹤影。

既然如此，只好等到下課再到其他地方找找看了。

好不容易挨到下課，雨帆著急的問周圍的同學有沒有見到自己的鉛筆盒，可大家都說沒看

到。

雨帆有點納悶了，上第一節課時鉛筆盒都還好好的放在桌子上，怎麼才一個課間就不翼而飛了呢？

正在這個時候，有同學說看到樓下有一個摔爛的鉛筆盒，雨帆馬上跑下樓，發現果然是自己的鉛筆盒。

看著心愛的鉛筆盒早已面目全非，雨帆非常傷心，因為這可是媽媽送給自己的生日禮物，氣憤的雨帆到辦公室向老師告狀。

老師為此開了班會，希望有同學能夠主動承認摔壞雨帆鉛筆盒的事情，老師第一次問教室裏鴉鵲無聲，第二遍仍然沒有人回答，老師正準備問第三遍的時候，有人站了起來，可是大家卻全都嚇呆了。

「是我！」

說話的是巧芬，大家之所以嚇呆，是因為誰也沒有想到這事會是她做的。

巧芬是班長，成績最好，每次都是全班的前三名，為人謙和，很少與同學發生爭執，這麼乖巧的孩子怎麼會把同學的鉛筆盒扔下樓呢？

「我們又沒有過節，你幹嘛扔我的鉛筆盒？」雨帆有點莫明其妙。

「巧芬，是不是你不小心把雨帆的鉛筆盒摔了下去，因為害怕所以沒有及時的承認呢？」老師覺得乖巧的巧芬一定是無意的。

「不是，我是故意的！」巧芬理直氣壯的說。

巧芬的異常反應真的讓老師和同學嚇了一跳。

「巧芬，妳為什麼要把雨帆的鉛筆盒扔下去？」老師也是一頭霧水。

「因為雨帆總是欺負班上的女生，破壞別人心愛的東西，我也要讓他感受一下失去心愛東西的感受！」

雨帆聽了慚愧的低下了頭。

老師明白了事情的原委，「巧芬，不管怎樣妳這樣做是不對的，今晚回去寫一份悔過書，明天到我辦公室來。」

巧芬沮喪的回到了家，媽媽看著愁眉苦臉的巧芬，笑著問：「是誰欺負我的寶貝女兒了？」

「媽咪，我覺得我沒錯！」巧芬義憤填膺的將下午發生在學校的事情告訴了媽媽。

媽媽聽完笑了，安慰巧芬：「巧芬真勇敢，懂得路見不平啦，嗯，像個女俠！」

「對，我也覺得我這是見義勇為，雨帆就是喜歡欺負女孩子！」巧芬頭一昂，得意的笑了。

「雨帆欺負女孩子確實不應該，妳路見不平是對的，可是妳的方式卻不夠好。」

「媽咪真壞，剛才還跟我站同一陣線，現在又批評我了。」巧芬撅著小嘴。

「媽咪知道，巧芬平時那麼乖巧，若不是雨帆太囂張，妳肯定不會發這麼大的脾氣，再說妳也是為其他的女同學抱不平。可是妳有沒有想過有更好的方法可以解決呢？既然妳知道失去心愛的東西最令人傷心，妳還摔壞雨帆的鉛筆盒，這不也是不對的嗎？」

巧芬似乎也意識到了自己的錯誤，若有所思的樣子。

「雨帆做錯了，妳無論是作為同學還是班長，無論是為了其他的女同學還是為了雨帆自己，妳都應該用正確的方法來解決這件事情，比如妳可以跟雨帆談一談啊？據我所知，雨帆雖然喜歡欺負別人，可是跟妳的關係還不錯吧？」媽媽笑著問巧芬。

「是啊！我常教雨帆數學，他當然不欺負我了！」

「既然這樣，妳如果跟雨帆談談，說不定他會聽妳的呢？妳完全不用摔壞他的鉛筆盒，只要讓他站在別人的立場想一想，心愛的東西被損壞了會有多傷心，他可能就能夠意識到自己的錯誤，就不會再損壞別人的東西了？再說，還有老師可以幫你們啊！」

「媽咪，巧芬知道自己錯在哪裡了，這就去寫悔過書，順便看看我的存錢筒還有多少錢，我要賠雨帆一個更漂亮的鉛筆盒！」巧芬一邊說一邊跑進了房間。

媽媽看著可愛的巧芬，欣慰的笑了……

## 特質解藥

正義感，這是我們對孩子教育的基礎。

正是在這種教育下，我們的孩子骨子裏都有著強烈的正義感，但由於不夠成熟，很可能好心辦錯事，作為父母最應該做的就是在關鍵時刻努力引導孩子，既不挫傷他們的正義感又讓其意識到自己的錯誤所在。

# 7. 讓座

「噹……」放學的鐘聲剛剛響起，小強就拎起書包，衝出了教室。跑到校門口時，發現媽咪早已等候在那裏，焦急的在原地轉著圈，不時瞄一眼手錶上的時間。當她看見兒子跑了出來，趕緊迎了上去，接過孩子手裏的書包，拉著他向公車站點跑去。

「媽……媽咪，您……慢一點！」小強上氣不接下氣的說著。

「慢……慢一點，媽咪就要遲到了！艾米莉阿姨現在一定著急的不得了！」

原來，今天是艾米莉（媽咪最要好的朋友）的生日！她要在自己的別墅裏舉行一次超大型的生日派對，需要小強的媽咪過去為她出謀劃策，幫她佈置一下客廳。

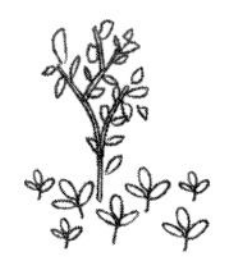

「再跑快一點！公車已經到站了！」媽咪一眼望見了開往市郊別墅區的公車。就在公車關門前的一瞬間，媽咪抱起小強一個箭步竄了上去。幸好車上的人並不多，還有一些空餘的座位，於是媽咪和小強找了兩個相鄰的位置坐了下來。

沒過太長時間，車內狹小的空間就被陸陸續續上車的人填滿了。正在人們前擁後擠、大聲抱怨的時候，一位頭髮花白的老婆婆，步履蹣跚的登上了巴士。看到老婆婆上車，小強立刻背起書包，準備將自己的座位讓給她。但是，還沒等他站起來，媽咪就一言不發的把他摁回到座位上。小強以為媽咪準備把自己的座位讓給老婆婆，但奇怪的是媽咪毫無起來的意思，反而把自己的臉轉向了車窗。最後，老婆婆被一波波上車的人群擠到了車的尾部，還是一位好心的叔叔起身讓座給老婆婆。

媽咪發現後才壓低聲音說道：「阿姨的家還很遠，你又上了一天的課，已經很累了，就好好坐著休息一下吧！媽咪今天穿著高跟鞋，站著也不方便！」聽了媽咪的「解釋」，小強明白似的點了點頭。

車繼續前行……

再過一站，就到阿姨的別墅區了。小強和媽咪開始收拾東西準備下車，而這時一位老伯伯，一手拄著拐杖一邊在兒子的攙扶下登上了公車。小強一想既然快到阿姨家了，就先把位置讓給老伯伯。但眼明手快的媽咪，再次把他摁回到座位上，同時不斷的向小強使眼色，暗示他不要起來，而媽咪自然也毫無離開座位的意思。小強雖然感覺很迷惑，但依然按照媽咪的意思坐著沒動。

直到下車後，小強才就自己的疑惑問起媽咪──「為什麼不讓座給老伯伯？」媽咪回答是：「你年紀還小，還是坐在座位上比較安全，車上人那麼多，萬一擠倒你多危險啊！」這一番話說出後，小強肯定的點了點頭。媽咪看在眼裏，得意在心裏，「小孩子就是容易哄！」

或許媽咪覺得這件事情應該就這樣結束了，

但一個月後發生的事情，卻使她慚愧不已。

話說，那天媽咪帶著小強陪外婆去醫院做身體檢查。檢查完畢後，外婆和媽咪商量說，用走的回家，還可以順便在附近的商店逛一下。小強一聽，立刻大聲表示反對，說自己很累想要坐車回家。看著小強在醫院大發脾氣，外婆和媽咪臉上都堆滿了無奈，只好隨著小強的意思。

剛上公車，媽咪就發現只剩一個座位了！但正在她攙扶著外婆走向座位時，一個身影從後面「嗖」的一下竄了過去，穩穩的坐在了那個位置上。媽咪定睛一看，怎麼是小強？

「小強，快給外婆讓座！你看外婆都站不穩了！」媽咪拿略帶責備的口氣命令小強。可是再看小強，一點讓座的意思都沒有。不僅這樣，他還回嘴道：「我累嘛……就讓外婆站會兒，等我休息好了再說！」

「什麼？你累？一直坐在醫院的椅子上，還喊累！趕快起來！媽咪生氣了！」媽咪大聲訓斥著小強。「哎呀！我還是小孩！車上人這麼多，我要是被擠倒，被踩到多危險啊！你們是大人，不怕！」小強說的是振振有詞。「你……」就在媽咪馬上就要發火的時候，後面一個稚嫩的聲音突然傳了過來：「讓婆婆坐在這裏吧！」

一個約莫只有五歲的小朋友，拉了一下媽咪的裙角。「讓婆婆坐這裏。」小朋友指了指身後的座位。外婆不好意思的說：「沒關係！婆婆一會兒就下車了！」

「您還是坐會兒吧！」小朋友的媽媽笑著把老人扶到了座位上。外婆趕緊把身子往裏挪了挪，拍拍座位的一角，招呼小朋友一起坐。「小朋友，乖！這麼小就知道給人讓座，好孩子！」

「沒什麼！」小朋友一副大人的模樣，拍了拍胸說：「我已經長大了！媽咪平時總是跟我說，『小軒長大了，要懂得給老伯伯和婆婆讓座！這樣才乖！』」

小軒的媽咪在旁邊聽著孩子的話，捂著嘴不停的笑。

「您的孩子可真懂禮貌，聽您孩子剛才說的話，都是您這位媽媽平時教導有方啊！」外婆羨慕的看著小軒的媽咪。

這時站在一旁的小強的媽咪，慚愧的不得了，真想挖個地洞鑽進去。她不停的回憶著以前教育小強的一點一滴，這時她才發現，原來自己在不知不覺當中，竟然給孩子建立了那麼多自私的觀念。

## 特質解藥

教育小孩，不只是偶爾的興起，或是突然間的感觸。孩子跟在父母的身邊，時時刻刻都受到家長行為、言語的薰陶。只要父母稍不留心，大人中那些世俗的想法就會轉移到孩子的身上，影響孩子身心的健康發展。所以，請父母們牢記，育人先要樹己！

Chapter 5

# 爸媽的觀念怎麼這樣

社會飛速發展，父母和孩子成長於完全不同的世代，觀念當然也有很大的差距，無論是人生觀，價值觀還是愛情觀都相差甚遠，我們沒有理由要求孩子和我們有一樣的想法，這未免太過霸道。孩子自己的思維，或許比我們更具有合理性，更適合新的時代。不要強迫孩子按照我們的思路去處理問題，更不要把「想當年」掛在嘴邊，因為現在已經不是那個年代。傾聽孩子的想法，緊跟時代的潮流，社會在進步，家長的思想也要革新，摩登一點，新潮一點，就與孩子的距離更近一點。

# 1. 別隨便處理我的東西

媽媽才剛進門，就聽見有人把客廳的茶几敲的「啪啪」直響。「誰呀？這麼用力敲桌子，他手不疼，我還怕桌子被他敲壞了呢！」媽媽一邊想著，一邊放下包包望向客廳。

此時，坐在沙發上的爸爸瞪著雙眼，盯著茶杯，嘴裡喃喃的念著什麼，右手不時的狠狠拍在玻璃茶几上。

「喂！老公！你輕一點，手受傷怎麼辦？」媽媽一看見爸爸猛敲玻璃，急忙上前阻止，「你是怎麼啦？早上上班時不是還笑呵呵的，發生什麼事這麼生氣啊？」

「你看看，現在的孩子到底是怎麼回事呀？」爸爸積聚在心裡的怒火瞬間迸發了出來，「從來沒看過這樣的孩子，居然敢和自己的父親吵架！反了……反了，以後還要怎麼指望他呢！唉……」

「兒子？他回來啦？在哪？」媽媽抬起頭，四處找了一下。

「出去啦！我才罵了兩句，他就門一摔往外衝！他今天出去，以後也別進這個家門！」爸爸惡狠狠的說道。

「兒子剛回家，你就兇他？」媽媽不滿的看了爸爸一眼。

「沒事找碴的可不是我啊！是他先跟我吵的！」爸爸辯解道，「只是把一些他不看的破書整理起來送人，有需要跟我吵得天翻地覆嗎？」

「事情是這樣的！」爸爸繼續說道，「前一陣，你說兒子要回來住，我看他的臥室實在是太

亂了，東西一大堆，我今天既然比較早下班，那就整理一下吧。於是，我就把他房間打掃了一遍，順便將收拾出來的幾箱不要的書統統都送人。今天，兒子回來我也很高興，以為花了幾個小時整理的清清爽爽，他一回來就可以安心好好休息。誰知他一進房間就衝出來，對我沒頭沒腦罵了一頓，真是氣死我了！」

「是不是你什麼東西弄壞了？還是你扔了什麼貴重的東西？」媽媽疑惑地問道。

「哪有弄壞什麼，要丟的東西我也全部檢查過了，都是他小時候的課外讀本，這些他早就不看啦！」爸爸肯定的回答。

「唉……這孩子也是，就算爸爸做錯什麼，也不能罵自己的父親啊！」媽媽嘆口氣說道，「等一下他回來，我跟他說說看！」

阿賓想著爸爸剛才的表情，心裡就氣的不得了。他徑自來到表弟家，一進門就先要了一大杯冰水，咕嘟咕嘟地灌了起來。

「表哥，你慢點！這是冰水耶，這樣灌不好吧！」表弟看見阿賓的舉動，急忙搶下杯子。

「我哪管得了那麼多！反正現在都來不及了！」阿賓一副無所謂的樣子。

「怎麼啦？你能不能先把事情說清楚再喝？」表弟納悶地問道。

「好啊，說出來正好請你幫我評評理！」阿賓一屁股坐在椅子上，「你房間裡面應該有很多小時候的舊東西吧，雖然現在用不到，但還是想留下來做紀念，不知道什麼時候就會用到了。假如有一天，你爸自作主張把這些東西都清出來送給別人，請問你會有什麼想法？」

「送人？！憑什麼啊？萬一我很喜歡裡面的某樣東西，捨不得丟呢？要是他真的這麼做，我一定會跟他大吵一架！不過說回來，他畢竟是我父親，我即使想吵，也沒那個膽量！」表弟笑著吐了吐舌頭。

「嗯，我的想法跟你一樣，唯一不同的是我膽子比較大！」阿賓輕描淡寫地說了一句。

「什麼？你和你爸爸吵架啦？」表弟一副不相信的樣子。

「所以你知道我為什麼來找你了吧！」阿賓嘆了口氣說，「我爸送人的東西，其實只是一些我看過的書，真的不值什麼錢，本來是想留下做個紀念，沒想到被

父親送人了！這也沒關係，送了就送了吧，又不值什麼錢！我最不能接受的是，居然完全沒有徵求我的意見，甚至我在問他時，他還理直氣壯的說沒必要讓我知道。你說氣人不氣人？」

「嗯，我完全站在你這邊，不過你跟你爸爸吵架畢竟不對，我覺得，你坐一下就回去吧，把你心裡想的跟他說明白，他不會不理解的！」表弟安慰著阿賓。

「我考慮考慮再說吧！」阿賓靠在椅背上，仰著頭望著天花板發呆。

家長總是自以為是地認為可以隨意處理孩子的東西，只要他們覺得沒用的，就會很自然的扔掉，甚至不會覺得有任何的不妥。很多孩子會因為爸爸媽媽扔掉了自己小時候的日記本而傷心，也會因為爸爸媽媽把自己的舊玩具送給別人而發脾氣，父母往往覺得孩子無理取鬧，太過於計較，因此親子之間好像處處動輒得咎。

家長隨意處理孩子的東西主要有三個原因：

第一，父母們覺得孩子不收拾房間，他們幫忙整理的時候當然就會把一些沒用的東西處理掉，認為孩子放了那麼久都不去動，一定是不需要的。

第二，即使父母搞不清楚孩子是否需要，但他們仍然會按照自己的想法來判斷是否有用。認為孩子總是喜歡把沒用的東西保留下來，因此幫助孩子處理掉沒用的東西也沒什麼不對。

第三，父母總是認為一些微不足道的東西沒必要和孩子商量，自己是家長怎麼可能連這點事情都做不了主，如果有誰家的孩子喜歡自己孩子的舊東西，父母經常不跟孩子商量就很痛快的送人，覺得自己有權利這樣做，沒必要和孩子商量，大不了再買一個就是了。

但是，孩子卻不這樣想，很多東西雖然自己很久都不去動用了，但是他們希望能夠保留下來，總覺得那是屬於自己的財產，說不定什麼時候就可以用到。即使再也沒有用處了，要處理也是自己處理，父母不可以不經過自己的同意就扔掉。孩子懂事後，慢慢有了獨立的意識，他希望能夠得到別人的尊重和重視，不希望總是被當作父母羽翼下的附屬品，他們覺得任何人都沒有權利隨意處理自己的東西。其實出現了這種想法表示孩子已經漸漸長大了，家長應該特別注意。

孩子和大人所看見的世界是不同的，很多事物對於大人來說是微不足道的，可是對於孩子來說卻可能有著非凡的意義，區區一件小東西可能就保存著孩子很多美好的回憶。因此，家長不要理所當然地認為孩子留下來的小東西一點用都沒有，可以隨便處置。事實上，很多東西對於孩子來說非常重要。你可能只是無意間扔掉了孩子的東西，但孩子卻認為你傷害了他們的感情。

因此，隨意處理孩子的東西，看似是一件小事情，但對孩子來說卻沒那麼簡單，扔了孩子的東西可能意味著對他們的不重視，不尊重，還可能傷害了他們的感情。

## 特質解藥

讓孩子自己收拾房間，如果確實需要父母幫忙，一定要徵得孩子的同意，最好詢問一下孩子有沒有特別需要注意的東西不能隨意搬動，表示對孩子的尊重。

翻動孩子的東西要徵得孩子的同意，只要是孩子的東西都不要隨意處理，一定要等孩子回來問過再說。

孩子特別重視的東西，父母也要表現出同樣的關注，不能用不屑的眼神和態度對待孩子認為很重要的東西

以好朋友的態度出發。看到孩子保存特別不起眼的東西，可以像好朋友一樣好奇地問孩子，切忌命令式的口吻，要用商量好奇的方式問孩子，讓孩子覺得自己是可以信賴的朋友。

尊重孩子的「祕密」。如果孩子的東西有一段故事或一個小祕密，當孩子自己告訴父母並要求保密的時候，家長要避免不以為然的表情，更要認真替孩子保密，我們看似不起眼的東西，對於孩子來說可能具有非常重要的意義。

# 2. 我不是不務正業

小嘉的爸爸正在津津有味的看著電視，媽媽湊過來說：「你還有心情看電視？」

爸爸覺得媽媽莫名其妙，說道：「看電視還要培養什麼心情？」

「你工作忙就不關心兒子了，小嘉的暑假都快過去一半了，成天只顧著看那些花呀、草的，養了一隻狗我就不說了，前幾天還抱回來一隻兔子，家裡頭都快可以開植物園或動物園了。這孩子整天不務正業，有空也不會好好看書，把心思全花在這些沒用的事情上面，怎麼辦啊？」媽媽擔心的說。

「孩子放假，輕鬆一下也好，養動植物也不是什麼了不起的問題。」爸爸覺得媽媽小題大做。

「可是小嘉整天忙那些東西，作業不寫，書也不看，人家別的孩子都趁著暑假去補習下一學年的功課，他這樣下去，開學又跟人家差一大截了，這孩子真是不會想。」

「明天我跟他談談，要他對學業認真點吧！你就不用再這麼著急了。」爸爸安慰媽媽。

「我們家的孩子怎麼這麼難管啊，學生不好好學習，一天到晚盯著花草動物，最氣人的是我一說他不務正業，整天做些沒用的事情，他還振振有詞地說這是在學習，在觀察！分明就是找藉口嘛！」

爸爸突然好像想起了什麼：「哦，你不說我還忘記了，昨天我看見小嘉不知道從哪裡弄來了一隻小刺蝟，看他在那細心照顧，餵刺蝟喝牛奶呢，他那付認真的表情還挺有意思的，哈哈！」

媽媽一聽，火氣更旺了：「你還笑得出來？我還在想昨天才買的牛奶怎麼一下就喝完了，以為是你們喝的呢，沒想到小嘉拿去餵刺蝟了，你管管這孩子吧！到底去哪裡生了一隻刺蝟出來，我看我們家真的變成動物園了。這樣下去哪有心思唸書呢？」

「你別生這麼大氣，我看這孩子很喜歡生物，以後說不定在這方面有發展呢？」

「你越說越離譜了，孩子現在基本的東西都還不會，怎麼能只學這個，他不務正業你還鼓勵他是不是？小嘉應該好好學會數學外語這些基本課程，以後才有出息，整天搞這些雜七雜八的不會有出息的，以後也玩不出什麼名堂來。」

媽媽越說越氣，決定第二天就要把小嘉養的花草小動物全部扔掉。

小嘉找到自己的暑期作業小搭檔阿美，急匆匆的說：「阿美，我們養的植物和動物必須要轉移陣地了，還是放在你們家吧？」

「什麼？你們家也不能養了，當初我就是跟我爸爸媽媽溝通不良，才商量好放在你們家的，現在怎麼又不行了？」阿美焦急的問道。

「我媽媽跟你爸媽一樣啊，說我養這些東西不務正業。」

「你有跟你媽媽說是為了寫作業觀察用的嗎？」

「一開始沒說，怕她和你爸媽一樣，不相信。後來她總是責備我，我就說是在觀察，寫作業，可是媽媽根本不聽，說我是為自己不務正業找藉口。」小嘉沮喪地說。

「家長都是這樣，根本不聽我們說，本來以為我們這次作業可以拿第一名，因為只有實際觀察來的才是最棒的。別的小組，都是在網路和書上找資料寫進去而已，一定跟我們沒得比。這下你媽媽不讓我們養，不就前功盡棄了嗎？」阿美覺得有些喪氣，但又不知道該如何是好。

「唉，大人們總是覺得只有在房間裡看書寫字才算是務正業，我們觀察動植物，為了寫作業準備實驗素材就說我們不務正業。再說，我喜歡生物，說不定以後就選生物這個科系去唸，將來還可以成為我的事業呢，這樣也算是不務正業？」

「小嘉，你到時要是真的選生物系，整天圍著動植物轉，你媽媽大概會氣到臉都綠了吧。」

「總之，大人們就是不聽我們解釋，只覺得自己是對的，不懂就算了還說我們不務正業，真是煩哪！」

家長總是埋怨孩子不務正業，而孩子總是對這種說法有一百個反對意見，家長和孩子的主要分歧有兩個，首先，究竟什麼是正業？很多時候，在大人的眼裡孩子只要不安安靜靜在房間裡面看書就是不務正業，學生的任務就是讀書上課，不認真讀書就不算是學生。就算有些孩子學習了，還必須限定是父母希望他們學習的東西，如果孩子所選擇的專業和自己為孩子計畫的未來發展不同，也會被父母看作是不務正業。

其實，在孩子眼裡，所謂「正業」並不僅僅是學習，他們可能認為，自己所喜歡的一切對於自己來說都是正業。這看似不合邏輯，有點荒謬，依了孩子就是對孩子置之不理，放任自由，讓他們荒廢學業。

事實上，作為家長應該慎重的看待那些「不務正業的孩子」，如果孩子真的走歪路，做不該做的事情家長就必須干預，引導。但很多時候，孩子並非真的不務正業，有些孩子有自己的興趣，他們除了學習還有自己的愛好，家長不能以不務正業為藉口來阻止他們做自己喜歡的事情，這很可能會扼殺孩子在某些方面的天賦。孩子的確應該多方面發展的，更應該有自己的興趣愛好，這是孩子成長所必需經歷的，他們能夠全方位的成長和學習，怎麼能說是不務正業呢？相信每一個家長都希望自己的孩子是健康的，全面發展的，而不是僅僅成為一個只會讀書的書呆子。

還有些家長的想法似乎有些「霸道」，他們為自己的孩子規劃了未來，讓他們朝著自己為他們選好的方向前進，一旦孩子不聽家長的，逕自去學習自己喜歡的專業，也會被父母認為是不務正業。孩子有權利選擇自己將來發展的方向，也有權利為之認真學習。他們選擇自己所喜歡的科目和專業並努力學習，這本來是很正確的事情，應該得到鼓勵。但很多家長卻因為不瞭解孩子，只顧自己的想法和願望，「逼」孩子去學習。要是孩子有自己的意見，還為孩子扣上「不務正業」的罪名，聽起來似乎有些荒唐。

家長之所以說孩子不務正業還有一個錯誤的認知，就是家長認為學習就是從書本上獲取知識，孩子應該老老實實地坐在房間裡啃書本，泡在圖書館裡，這才是好好學習，才算務正業。殊不知，學習不僅僅是看書而已，還有很多途徑都可以獲取知識。孩子的學習方式應該是多元化的，透過觀察和親自動手學來的東西往往比書本上看到的死知識更有意義，更實用，理論不就應該透過操作的過程才能更加理解嗎？而家長卻很難認同這個觀點，他們覺得孩子不看書就是在玩，就是不務正業。

所以，作為家長不該輕易給孩子戴上「不務正業」的帽子，多聽聽孩子的聲音，才能理解他們。如果孩子有興趣的事物沒有什麼大問題，就不要逼孩子離自己的興趣越來越遠。

## 特質解藥

多觀察孩子平時喜歡做的事情，鼓勵孩子做喜歡做的事情，理解他們的興趣愛好。

家長不要急於責備。如果發現孩子總是專心做一件看起來與學習毫無關係的事情，應該坐下來和孩子好好交流，聽聽孩子的想法，而不是在第一時間責備他。

不妨鼓勵孩子去做好真心喜歡做的事情，為他們提供更便利的環境，跟他們一起去學習，不要因為自己是長輩而壓制孩子的意見。

和孩子多溝通，主動問問孩子喜歡做什麼，不喜歡做什麼，不要把自己的觀念和想法強加給孩子。

積極引導優於責備和阻止。如果孩子把過多的精力放在與正常課程無關的事情上時，家長要積極引導，但不能一味的責備和阻止，要先自己多瞭解孩子做的事情，真心誠意的和他們探討，再耐心的勸導，和孩子一起尋找兩全其美的好方法。

# 3. 我不想跟您比童年

「碰！」阿菲用力的關上臥室的門。

「唉，這孩子怎麼一聲不吭就回房間了？沒禮貌，大家都還在吃飯呢！」媽媽踱出廚房，一邊擦著手一邊不滿的說道。

「好啦！你就別管她了！」爸爸夾起菜放進嘴裡，大口嚼著，「她不吃，是她沒福氣！這麼豐盛的一桌菜，便宜我了！哈哈……」

「一點正經都沒有！」媽媽裝出一副生氣的模樣，但明眼人一看便知道，此時的媽媽被爸爸

誇得是心花怒放。

可是剛坐下，媽媽就不經意地瞄了女兒的碗一眼。「唉……」媽媽先是長嘆一口氣，慢慢放下才剛端起的碗。

正吃得津津有味的爸爸，發現媽媽異樣的表情，立刻停下筷子關切的問道：「怎麼啦？沒有食慾啊？」

「不是！」媽媽無奈地搖了搖頭，「我是心疼女兒！她怎麼能這樣對待自己？餓壞了身體該怎麼辦啊？」

「心軟了吧！那你吃飯前跟孩子說那些話幹什麼啊？兩個人還鬥氣！」爸爸撇著嘴說道，「不過我覺得你說的那些話當然是對的！現在的孩子真的是太嬌氣了，吃東西這不行那也不行，玩要玩新潮刺激的，穿要穿與眾不同的，還說這就叫個性！和我們那個時候比起來啊……還是不說了！即使這樣，他們依然是不滿足！……」

「碰！」阿菲的臥室裡傳出書本重重拍擊桌面的聲音。

「我還是不說比較好！吃飯啦！」爸爸吐了吐舌頭，小聲地說道。

這下，媽媽可是真的動怒了。起先她還想著自己是不是對女兒太過分了，準備去道個歉，但她拍桌子的舉動又一次引起了她的不滿。媽媽大聲的嚷道：「爸爸，我覺得你說的沒錯！」

爸爸被嚇了一大跳，驚訝的盯著媽媽，半天都沒有回過神來。

媽媽接著說道：「現在的孩子就是太不懂事了，你想想我們當初，吃的是看不到米粒的蕃薯簽稀飯，甚至能不能吃飽都是個問題；穿的都是舊衣服，上面不知道縫了多少個補丁；說到玩，家門口的沙堆就是我們唯一的玩具。現在的孩子比起我們以前，實在是太幸福了！但他們還是不滿足，天天對我們提出各式各樣的要求，真不知道他們到底是怎麼想的？在我看來啊，根本就是他們不懂事，不應該讓他們過得太舒服，應該讓他們過過艱苦的生活，讓他們知道現在的幸福多麼得來不易！」

客廳裡，媽媽還在大聲說著話，阿菲實在受不了了，拿出手機撥給好朋友阿嵐。

「喂？阿嵐嗎？是我，菲啦！」阿菲不耐煩的說道。

# Chapter 5 爸媽的觀念怎麼這樣

「吼！說話這麼衝！我要掛電話了！」阿嵐不高興的回應道。

「喂！我又不是針對你！」阿菲聽出阿嵐的不爽，急忙說道，「我現在心裡很煩啦！想找你聊聊天！」

「這還差不多！」阿嵐得意的笑道，「怎麼啦？有什麼事不高興啊？說大點聲，你那邊好吵！」

「哼，聽到了吧？」阿菲無奈的說道，「那是我媽在外面發瘋！講這麼大聲就是怕我聽不見，她喊得不累，我還嫌煩呢！」

「啊？你和你媽吵架了？為什麼啊？」阿嵐關心地問道。

「老話題了！就是教育我要明白今天的幸福生活來之不易，要對現在生活感到滿足，順便再從頭說一次他們童年過得多麼的苦，多麼的不幸！以前我一直不想和她爭辯，今天吃飯前她又開始唸了，我一時衝動頂回去，就變成這樣了！」阿菲嘆著氣跟阿嵐解釋。

「不是我說，你媽思想也真夠老土的！」阿嵐不屑的說道，「現在是什麼年代了？二十一世紀了耶！他們本來就不應該怪我們不滿足，現在物質生活那麼豐富，有機會為什麼不去體驗一下？他們小的時候吃不飽，那是因為當時的生活水準比較低。現在你找找看，哪裡還有天天餓肚子的情況啊！就算是真的找不到工作，政府也會補助一點啊！總說我們花錢不手軟，爸媽怎麼不算算他們小時候一碗麵多少錢，現在又是多少錢？物價都漲了幾十倍了，我們的開銷當然也會跟著漲嘛！」

「對嘛！對嘛！」阿菲激動地附和說，「現在誰還穿東補一塊西補一塊的舊衣服啊？夜市裡面都找得到九十九元的全新T恤，再多加貼個一兩百全身都可以買新的了，又何必穿別人的二手衣呢？玩就更不用說了，有趣刺激的活動也不需要花太多錢，為什麼偏偏為了省下那點錢苦了自己呢？」

「說實話，我們知道父母是教我們要飲水思源！其實，我們大家都知道現在生活過得比以前幸福啊？大人完全沒必要時時刻刻都提醒我們！尤其，還拿出他們那些古老的經歷和我們比，唉，這是要從何比起啊！」阿嵐感嘆地說道，「不說了，我要出去一趟！你也放寬心，多和你媽溝通一下！小心注意自己的態度啊！相信你媽會理解你的！」

「嗯，知道啦！」阿菲感激的答道，「等一下我就出去和他們好好說，放心吧！」

現在的生活和以前相比有了很大改變，父母想盡辦法為孩子提供最好的條件，希望孩子們健康成長。每當看著天天生活在富裕環境裡的孩子就想起了當年的自己，感慨如果當初能有這麼好的條件，會多麼的珍惜。於是便會不自覺的對孩子說：我小時候怎樣怎樣，想當年如何如何，你們現在的生活有多好多好……諸如此類的話，希望孩子能夠珍惜現在的生活，學會吃苦耐勞。但很多時候孩子並不會洗耳恭聽，也不會有什麼感悟，多半只會當作耳邊風，毫不在意，甚至不屑的冷嘲熱諷，覺得父母思想守舊、古板、不可理喻。

家長和孩子話當年，無非是想以自己親身的經歷作為例子教育孩子，可是卻並不能達到良好的效果，常常是不歡而散。父母對孩子談到童年生活時，雙方觀念天差地遠。一方津津樂道，感慨頗深；另一方卻沉默不語，滿不在乎，出現這種現象的原因有很多。

首先，父母和孩子是來自兩個世代的人，生活環境差了二三十年，而這些年來恰恰又是社會發展飛快的階段。父母一路體驗貧苦到富裕的社會生活，對幸福得來不易有著深刻的體驗，因此感慨萬千。而這個世代的孩子們，從一生下來就生活在幸福之中，沒有親身經歷過父母所講述的事情，自然無法理解父母的心情。很多事情講給孩子聽，他們甚至會覺得不可思議，根本不相信，所以他們對父母說的事情不屑一聽，也就很好理解了。

其次，很多父母在和孩子比童年的時候，總是會對自己的過去津津樂道，然後很自豪還略帶輕蔑的語氣教育孩子說：「看看你，現在條件這麼好，都不能做到，還想怪誰呢，一定是你不努力？」這樣的比較建立於不同的基礎上，根本就無從比較起，孩子聽了當然難以接受，還會感到很不服氣。有些父母在和孩子比童年的時候，往往都是帶著怨氣的，覺得孩子有這樣好的環境還不珍惜，不努力。因此，話匣子一開就充滿了緊張的氣氛。大多數的孩子在鼓勵和讚揚下都比較容易接受大人所灌輸的思想，而在埋怨和責罵中則更容易產生對立和叛逆。

再次，父母為了教育孩子難免以自己過去的生活作對照，只是時機和方法可能選擇得不好。比如在已經出了問題以後，孩子當下心情本來就不好，最需要是

爸爸媽媽能夠理解自己，幫助自己一起找到解決問題的辦法時，父母卻嘮嘮叨叨提起以前的事情和孩子比較，而且一副居高臨下的架式，自然讓孩子反感，心理更加難受。大多數家長在和孩子說自己年輕的事時，都是反覆叨唸，一件事情說幾遍甚至十幾遍，不管孩子心情如何，也不管他們在做什麼事情，只要一想起來就開始喋喋不休，讓孩子覺得非常煩躁，根本聽不進去，這樣說得越多，反而越不好。

最後，孩子和家長會有這樣的分歧，大多數是在孩子青春期的階段。我們會發現，其實很小的孩子可能非常喜歡聽爸爸媽媽講以前的故事，而大一點後就開始不愛聽了，這是因為孩子進入青春期後自我獨立意識比較強，他們不願意和父母聊天，講過去的事情。而且很多孩子開始覺得自己長大了，覺得父母思想落伍，很多觀點是錯誤的，跟不上時代，所以自然不會認真接受。還有一部分孩子，他們雖然願意聽完父母的講述，並且接受它，但是表面卻不耐煩，因為他們不想被比來比去，只要是父母一開口埋怨孩子的不是，就會讓孩子更加叛逆，即使他們心裡明明知道爸爸媽媽說得都是對的，行動上卻非常固執和對立。

總之，父母將自己的童年拿來和孩子比較，並用自己的切身經歷讓孩子懂得一些道理，要珍惜來之不易的幸福生活，這樣的初衷是正確地，對孩子也是有益的，但是能不能達到好的效果，關鍵是要講究方法。瞭解孩子的心態，抓對時機和方法，才會產生正向的效果。

## 特質解藥

變主動為被動，不是主動給孩子講過去的故事，而是利用適當的機會，讓孩子發現父母過去的蛛絲馬跡，勾起他們的好奇，讓他們反過來央求父母說過去的事情給自己聽，這個時候父母便可以抓住時機教育孩子。比如，把以前的玩具，畢業證書、成績單等等東西不經意的擺在孩子可以看到的地方，他們發現和自己的不同，自然會好奇的問父母。

製造輕鬆的氛圍，再開始跟孩子話當年勇，不能過於正式和嚴肅，更不能居高臨下，最好是一邊調侃，一邊教育孩子。如果和孩子產生分歧，父母一定要注意自己的情緒，切勿過於激動，否則，孩子可能再也不想和父母討論過去的事情了。

父母可以選擇孩子需要幫助的時候給予建議，並舉以前自己小時候的例子，告訴孩子該怎麼做怎麼辦。還可以自嘲地把失敗或者犯過的錯誤講給孩子聽，讓他們引以為戒。

從第三者的角度看待兩代人，試著爸爸講媽媽的事情，媽媽講爸爸的事情，或者讓其他的長輩來說爸爸媽媽的童年，這樣孩子聽起來會更容易接受，覺得更加真實。

# 4. 我也有隱私

「告訴你一個兒子的祕密！」爸爸神祕的跟阿昆的媽眨了眨眼。

「這麼小的孩子都有祕密？他跟你說的嗎？快告訴我！」媽媽迫不及待地問爸爸。

「他今天悄悄告訴我，他喜歡班上一個長頭髮的女孩子……」

「什麼，這麼早就會談戀愛？」媽媽睜大了眼睛。

「噓，先別大驚小怪的，小心……」

爸爸的話還沒說完，看見媽媽給自己使眼色，轉身一看，發現阿昆的背影，「砰」的一聲，走進了自己的房間，原來，爸爸媽媽所有的對話都被阿昆聽見了。

自從爸爸把阿昆的祕密告訴媽媽，兩個人之間就變得有些緊張，尤其是阿昆

的媽媽，動不動就擔心阿昆還是學生就忙著談戀愛，會影響學業。媽媽還希望爸爸可以再從阿昆嘴裡探聽到最新的進展，可是阿昆不但不再跟爸爸分享祕密，甚至因為爸爸把祕密告訴媽媽還賭氣了好久，一直和爸爸冷戰。

「這孩子越來越不聽話了，怎麼辦呢？問他就說沒事，可是感覺阿昆總是神祕祕的，連抽屜都上鎖了。」

「大概是因為上次我把他的祕密告訴你的緣故吧，現在開始會提防我們了，還是學生，讓爸媽知道有什麼關係嘛！我當時跟你說的時候沒當回事，他倒是認真起來了！」爸爸似乎有點後悔。

「你當然一定要告訴我，不然我們肯定現在還被蒙在鼓裡，前幾天我趁他的抽屜沒鎖，偷偷翻了一下，有好幾封粉紅色信紙寫的信，我正要看，就被阿昆發現了，他還跟我吹鬍子瞪眼睛

的，說我侵犯他隱私！真是沒大沒小！」

「你真的去偷看啊？」爸爸驚訝的說。

「我很擔心啊？問他又不說！隔壁阿康和阿昆一樣也總是神神祕祕的，據說後來成績直線下降，阿康的媽媽於是偷看他的日記、手機訊息和聊天記錄才發現了問題，所以我們也要多注意一下。」

「阿昆都說你侵犯他的隱私了，小心他跟你鬧！」爸爸有些擔心。

「孩子對於父母來說有什麼隱私權可言，我是為了教育孩子，他自己不跟我們報告行蹤，我又不能去主動調查，要是真的出了事情怎麼辦？」媽媽振振有詞地說。

「現在這孩子還真讓我頭疼，唉！」爸爸無奈的搖了搖頭。

「我真後悔把喜歡小柔的事情告訴我爸！」阿昆後悔的說。

「為什麼？你跟你爸爸不是跟好朋友一樣？常聽你說他很開明啊！」阿康不解的看著阿昆。

「可是他沒有經過我的同意就把祕密告訴我媽，從那天起，他們兩個人整天緊張兮兮的，總是在監視我。」

「他們怎麼監視你？」

「我媽，居然翻我的抽屜，我有一回故意讓她看見我沒鎖，還假裝放了幾張粉色的信紙，她果然就去偷看了，我超抓狂的！」阿昆氣憤地說。

「我媽也是一樣，總是悄悄看我的手機簡訊和MSN記錄，然後就開始捕風捉影，看見了什麼就好像拿了鐵證一樣找我算帳。她最喜歡看的就是我的日記，為這件事我特地準備了兩本日記本，一個寫我真正的心裡話，一個專門寫給她看的，哈哈！」阿康得意的笑了起來。

阿昆拍了一下阿康的肩膀，說：「了不起，你這傢伙還真有辦法！這就叫『道高一尺，魔高一丈』。」

「就是啊？他們大人老是說什麼大人的事你們少管，可是我們自己的事情他們卻管那麼多，我最討厭我媽偷偷監視我，翻我的東西，以前我有什麼心事還喜歡跟她說，現在我都不想跟她多說話。」

「沒錯，我們也有隱私權，憑什麼任何事都要跟他們彙報呢？再說很多事情跟他們說了有用嗎？他們只會在旁邊埋怨、嘮叨！」

「算了，別想了，走，到我家再想幾招怎麼對付他們……」

隨著孩子的不斷成長，爸爸媽媽發現那個一向跟自己無話不談的小鬼頭不見了。孩子越來越不喜歡跟父母交流，甚至開始有所防備，把自己的所有的東西都藏起來，甚至連抽屜都上了鎖。孩子和父母之間劃了一條警戒線，父母稍稍逾越，就背上了「侵犯隱私」的罪名，看著孩子離自己越來越遠，很多家長既難過又擔心。

正是因為擔心，很多父母絞盡腦汁去監視孩子的一舉一動，孩子越是神祕，越是隱藏，家長就越覺得有驚人的祕密，而且一定是不好的事情。於是偷看孩子的日記、手機、聊天記錄等事情屢見不鮮。一旦父母發現什麼，便拿出來當證據，發動一場暴風雨似的大審判。父母總覺得自己有權瞭解孩子的成長動態，孩子在父母面前沒有隱私可言，一定要瞭解孩子在想什麼、在做什麼，才能更適時地教育他們，那些對父母有祕密的孩子被認為是不說話的壞孩子。因此，每當孩子埋怨父母侵犯自己隱私的時候，大多數父母都會理直氣壯的和孩子爭辯。

青春期的孩子開始慢慢成熟，懂得保護個人隱私亦是成熟的標誌之一。隨著孩子不斷長大，他們開始懂得自我保護，開始覺得不同的事情應該跟不同的人傾訴，甚至有些事情只想說給自己聽，這也說明他們已經開始塑造一個完全屬於自己的世界，開始希望獨立了。當然，孩子的祕密不一定都是正確的，有些可能是他們的迷惘和困惑。但這畢竟是他們慢慢長大必經的過程，家長不必過於擔心，更不能採取強制禁止或偷看的方式瞭解，甚至以此為證據去教育孩子，這樣的結果不但不能很好的指引孩子還可能使事情變得更糟。

父母之所以不知道孩子在想什麼做什麼，很大的原因是孩子已經和父母產生了距離，已經不再想和父母分享所有的事情。如果在這個時候還去傷害他們的自尊，讓他們覺得父母侵犯了自己的隱私的話，無疑是在自己與孩子之間又多加了一個交流的障礙，失去了孩子對自己的信任。這樣一來後果便使孩子的成長更加脫離了自己的視線，甚至開始和自己勢不兩立。

同時，這種做法除了讓原本就比較緊張的親子關係雪上加霜，更嚴重的後果是對孩子的身心健康造成傷害。首先，這是一種不尊重孩子的表現，大人可能覺得沒什麼，可是孩子會覺得自尊心受到嚴重的傷害，甚至背上沉重的心理負擔和

精神壓力，他們開始叛逆，父母越是侵犯，他們的自我保護意識愈加強烈，對父母更加抵抗。於是孩子們緊緊地鎖住了自己的內心世界，當孩子真的遇到不可解決的大事和困惑，父母根本無從知道，更不可能去為他們爭取或是指引他們。

即使父母「勝利」了，也只是表面的贏家，孩子似乎沒有祕密，也願意聽話了，可是他們的人格其實下降了，當他們走上社會了，還是習慣像小孩子一樣把自己的一切公諸於眾，不懂得自我保護，不懂得擁有自己的空間，很難想像他不會被傷害。

當然，某種意義上說，大多數家長不是刻意去侵犯孩子的隱私，只是出於對孩子的保護和關愛，他們怕孩子沾染惡習，誤入歧途，希望能夠多瞭解一些孩子的動態，家長才得以及時去補救和教育。但是，切忌不要讓自己的愛轉化為過渡的保護和干涉，應該多給他們一些自由的空間，尊重孩子的隱私，相信孩子，理解孩子，寬容孩子，和他們做好朋友，讓孩子自己願意把心裡話告訴父母，及時去引導和教育他們。我們應該把精力放在怎麼樣培養孩子明辨是非的能力，而不是整天告訴他們什麼是對的，什麼又是錯的。俗話說，「授之以魚，不如授之以漁」，給孩子一個良好的成長環境，讓他們健康成長。

當然，尊重孩子的隱私絕對不是放縱他們自生自滅，孩子更不能以此為藉口拒絕父母的教育和指導。父母有義務更有責任瞭解孩子，教育孩子，只是要採取恰當的方式，也就是父母和孩子必需無障礙的坦誠交流，互相尊重。

## 特質解藥

發現孩子開始注重隱私，不要著急緊張，而應該高興，因為這說明孩子已經開始成熟，有自己的想法。真誠的和孩子溝通，親自送給孩子第一個附鎖的書桌，告訴他們可以有自己的祕密。那把鎖，雖然鎖住了抽屜，卻打開了孩子的心扉，同時也教會了孩子自我保護的意識。

切忌去偷看孩子的信件和手機，想要瞭解孩子的動態，不如多從日常生活去觀察。

不要千方百計想瞭解孩子的祕密。發現孩子總是悄悄和同學書信來往，甚至

搞得很神祕，不要去千方百計瞭解信的內容，而是多和孩子交流，瞭解他們的想法，多跟他們交流一下人際關係相處的技巧，探討友情愛情的真諦，通過這些談話引導孩子打開心扉，引導孩子走出迷惘。

養成進孩子房間先敲門的習慣，如果要移動孩子的物品或者收拾房間，一定要事先徵求孩子的意見，任何與孩子有關的事情都應該和他們進行交流和溝通。

培養孩子明辨是非的能力，給予孩子自由決定事情的空間，做孩子的參謀長而非領導者和監督者。

要及時溝通。如果發現孩子有什麼不正常的地方，不要責罵甚至逼迫他們說出實情，更不能隨便搜查偷看。可以採取講故事，玩遊戲的方式去啟發孩子，讓他們說出自己的心事，頓悟一些道理。

Chapter 6

# 拜託！我知道自己該怎樣讀書

「望子成龍，望女成鳳」是每一對父母最大的願望，父母把所有希望放在孩子一個人的身上，無形中他們身上背負了難以想像的壓力和負擔。我們總是希望孩子比自己更強，總是盼望他們早日出人頭地，我們在學業上對孩子提出了各式各樣的規定，但是卻很少體會他們的感受。父母按照自己的想法和邏輯，要求孩子去接受知識，這就好像在孩子的發展過程上了一把鎖，讓他們無法自由發揮。要知道逼迫孩子唸書的結果往往適得其反，引導他們主動學習，才是取得成績的關鍵所在。

# 1. 我的大學

上大學還是要努力唸書啊，整天忙著談戀愛參加課外活動怎麼可以？

凌先生凌太太一直很自豪有個好女兒。他們的女兒凌可柔不僅聰明漂亮，而且還很懂事，上學很用功，成績也很好，很少需要父母操心。這個暑假，爭氣的女兒考上了大學法律系，將來就要當律師了，前途一片大好。凌先生凌太太總是一副有女萬事足的樣子，希望自己的女兒能出人頭地，功成名就。

不過接下來女兒拿回來的成績單卻讓他們越來越失望，曾經名列前茅的女兒，現在的成績卻總是在中間徘徊，夫妻倆不由得擔心起來。趁著可柔不在家，夫妻倆談起了女兒的狀況。

「你覺得可柔會不會是心裡有什麼事情分心了啊？」凌太太憂心忡忡地說，

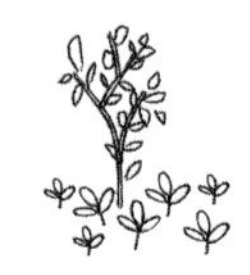

「她高中的時候一直都是學校的前十名，現在怎麼考成這個樣子，是不是覺得上大學可以不用努力唸書了，還是心思根本沒用在課業上，忙著交朋友去了？」

凌先生望著凌太太，苦笑著說：「咱們的女兒這麼漂亮，有人追很正常啊，難道妳希望女兒沒人要啊？而且女兒參加了那麼多活動，在學校裡也很活躍，人家想不認識她都難呢。」

凌太太反駁道：「都是你！她參加那麼多社團，你也不管一管！想當年我們上學的時候，兩耳不聞窗外事，一心唯讀聖賢書。我覺得一定是因為課外活動佔用太多唸書的時間，女兒的成績才考不好。」

凌先生有些不服氣的說：「我們公司老李的兒子也是學校裡的風雲人物，不管是話劇表演，還是體育比賽都有他一份，人家還不是資優生。老李說參加活動可以訓練各方面的能力。我認為

咱們女兒也應該可以啊……」

聽到這話，凌太太失望地說：「唉！這麼下去也不是辦法，可柔本來應該可以很出色的，現在……」

夫妻倆不約而同嘆了口氣。

凌可柔呆呆地看著電腦螢幕上的成績，覺得很失望。一個學期的努力依然不見起色。成績單上的數字還是不怎麼漂亮，她彷彿看到了父母失望的神色。凌可柔知道父母對自己寄予了深厚的期望，自己從小的努力也從來沒讓父母憂心過。可是自從上了大學，一切都變了，曾經是資優生的她變成了成績普普的中等生，心裡多少有點難受。這天，凌可柔約自己的好朋友曉莉出來出來聊天。

「曉莉，妳說我是不是很笨啊?拼命念書還是念不好。這學期我已經推掉了所有的活動，專心讀書，成績還是考不好。每次看見爸爸媽媽失望的神情，我就覺得好難受。我知道他們認為自己的女兒是最棒的，可是我現在這麼不爭氣……」

說著說著，凌可柔的眼睛紅了，眼淚在眼眶裡打轉。

曉莉遞給凌可柔一張紙巾，安慰她說：「先不要哭，功課上有什麼問題可以跟我聊聊嗎？看我能不能幫妳。」

凌可柔擦了擦眼淚，說起了事情的來龍去脈。「我小學中學的時候成績一直很好，爸爸媽媽理所當然地認為我大學成績也應該可以很好，但現在成績不能盡如人意，他們就覺得一定是我不努力，光顧著談戀愛，心思不在學業上。」

曉莉問：「那實際上呢？你有這樣嗎？」

凌可柔解釋說：「大家都是差不多成績考進大學的，有很多同學本來就很會讀書，我的入學成績並不是最好的，但是我也有努力啊！上課認真聽講，認真做筆記，有時間就去圖書館唸書，一個星期只和男朋友見一次面，這樣也算是『光顧著談戀愛』嗎？」

曉莉問：「可是妳參加了很多學校的活動哦，尤其是社團表演，不會耽誤時間嗎？」

凌可柔說：「我當然是利用課餘時間參加這些活動的，而且大學生不能當書呆子，我們應該藉由社團更積極地鍛鍊自己。妳看我剛上大學的時候，在班會上發言還會臉紅呢，現在我都可以擔綱主持一場晚會，這中間的差距多大啊！」

「但是參加活動一定會花掉妳一部分精力，這對學業不會有影響嗎？」

「多少會有一點，但是上大學不能只看學業成績啊。透過活動，我認識了很多朋友，從他們身上學到了很多東西，有應變、有思考、有幽默、有寬容大度，這些都是老師在專業課程上教不了我們的。我覺得現在的我比過去成熟，有思想多了，可是我爸媽為什麼看不到這些，眼睛只盯在學業成績上，認為我不該把心思放在太多的課外活動上呢？」

「望子成龍，望女成鳳。」曉莉輕撫著下巴故作老成地說，「天下的爸媽都一樣，都希望自己的孩子能夠飛黃騰達。一發現妳成績不如以前好，當然著急了，而且很多與學業無關的事佔用了妳很多時間，他們當然不理解、不支持、不同意了。」

淩可柔被曉莉誇張的表情逗笑了，但一想到父母期盼的表情，心情不由得又沉重起來。

在這個案例裡，親子間對於大學生應該如何分配讀書時間，應該達到什麼樣的目標產生了嚴重的分歧。

孩子總覺得自己已經唸大學了，懂得合理分配時間精力，不應該當書呆子，除了唸書外，應該更豐富自己的課餘生活，而且大學裡面人才濟濟，自己不可能永遠名列前矛：但父母認為孩子只是為自己找藉口，推託責任，不肯好好讀書。這類不同的認知，主要發生在在以下幾方面：

首先，父母之所以認為孩子上大學以後不用功，是因為父母認為大學是一個微型社會，像一個大染缸，如果孩子自制力不強，不能獨善其身，不能把握自己，就一定會沉迷豐富多彩的校園生活，不能專注於學業。其實父母的擔心是有理由的，卻也表現出對子女的不信任。父母因為沒有親眼看見孩子讀書，有時就理所當然的認為孩子不用功，不過也確實有些孩子抵抗不了大學生活的誘惑，最後導致玩物喪志，這些負面報導也加深了父母的擔心。

其次，父母總是先入為主，認為孩子因為交男女朋友才耽誤了學業。這是由於舊觀念中認為學生不應該談戀愛，所以將成績退步怪到談戀愛這件事頭上。父母認為大學生的生理發育大概已經完成，可是心理發育卻仍未臻成熟，進入大學生活，等於是邁入第二個摸索階段。

大學裡自由的風氣和事事必須獨立，讓一直依賴著父母成長的孩子，產生前所未有的寂寞與空虛，有些孩子們根本措手不及，對比於高中時期的壓抑，他們突然變的無所適從，開始談戀愛是許多人跨出窘境的一種途徑。

大學生的主要任務是讀書，但這與談戀愛並不相矛盾。戀愛是創造和諧美滿婚姻的前奏，是青年男女之間美好的體驗。要培養正確的戀愛觀，首先要正確處理學業與愛情兩者的關係，以學業為主，愛情為輔，兩者關係處理得好，愛情便成為學業的催化劑。

最後，家長總覺得孩子參加太多學校的活動佔用了大量的讀書時間，是導致成績不如以往的元兇。誠然，學校多姿多彩的課外活動，豐富了孩子的精神生活，有可能讓孩子應接不暇，父母的擔心是有道理的。有的家長比較贊成孩子參加活動，可以拓展視野，培養各種素質和能力；但是有些父母又過於理想化，認為孩子有能力兼顧各個方面，在大學生活中一定遊刃有餘。因此孩子成績上不去的時候，就會認為孩子一定是沒有善用自己的天分，不用功讀書。

## 特質解藥

孩子可能不適應，剛剛上大學，一切習慣還停留在充滿壓抑的高中時代，家長應該在孩子上大學前，和孩子多聊天探討怎樣融入大學生活。

讓孩子多和大學高年級的同學交流，從中學習一些經驗，瞭解一下真正的大學生活，更可以從中汲取教訓，使得自己不但能夠很快進入狀態，更能少走冤枉路，大學期間儘可能避免留下遺憾。

不要過於擔心和敏感，上大學的孩子法定年齡都已經成年，這代表他們應該有能力約束自己，也能分清是與非。如果真的還沒準備好，他們就必需在摸索挫折中學會長大，汲取成長的經驗。讓他們自己去體會，去經歷，更有利於性格的成長成熟。

多聽聽孩子大學生活的體驗，趁著孩子放假回家與他聊聊天，瞭解孩子動態，為孩子解答疑惑，分享孩子在大學裡的歡樂和悲傷。

上大學不僅僅是學習知識，更要學會做人做事的道理，別強求孩子隨時隨地都要拿第一，別總是著眼於孩子有沒有進步。應該多鼓勵孩子，而不是老潑他們冷水。

在輕鬆的環境下告訴孩子如何合理安排時間，既不耽誤學業，又能兼顧社交生活。相較於一味的抱怨和責備，孩子長大了，更需要平等和寬鬆的環境去引導他們。

## 2. 不是我不努力

我們為你付出這麼多，你要明白，要好好讀書。

又是學期結束，爸爸媽媽拿著阿月的成績單，臉上的表情卻怎麼也高興不起來，居然沒有一科成績及格。

「阿月怎麼越大越不懂事，我們花了那麼多錢把她送到這所學校，沒想到她還是不努力讀書！」媽媽抱怨道。

「唉，是啊。我們千方百計幫她製造好的讀書環境，還特別申請了寄宿，結果倒好了，她樂得每個月只回一次家，完全脫離了我們的管控，自由散漫，不好好讀書，成績不但沒有進步，反而一落千丈。」爸爸一邊說一邊嘆氣。

媽媽更是難過得坐也不是站也不是，不知道該如何是好：「聽老師說，阿月上課經常打瞌睡，舍監阿姨也常常反應阿月晚上總是不遵守回寢室的時間，晚自習的時候好像有在讀書，可是成績還是很差。她會不會是談戀愛了，晚上不去讀書跑去談戀愛，所以回寢室才老是遲到，睡眠不夠，上課當然會打瞌睡。晚自習雖然在讀書，但心思大概不知道飛到哪裡去了，不知道在想什麼呢？」

媽媽的分析似乎很有道理，爸爸也的確不明白阿月的心思：「我們得想個辦法，這孩子太令人擔心了，一點也不懂得考慮大人的苦心，我們付出這麼多，不就是為了她能努力讀書，可是她卻這麼不爭氣，唉！」

「其實，自從我聽老師說阿月上課睡覺後，就跟她談過好幾次，她每次都跟我發脾氣，說什麼就是睏，功課重、壓力大之類的藉口。她整天就只要把書讀好，有什麼好累的？這孩子真是氣死人了！」媽媽越說越生氣。

「老師還要我們問問她是不是壓力太大，她會有什麼壓力呢，什麼都幫她設想好，準備得好好的伺候她，還不知道要好好用功，我看她是太沒壓力了，才會這樣！」

阿月成績不好，老師覺得很納悶，從轉學成績看來，阿月應該是品學兼優才對，可是這一年她的成績卻一直不能盡如人意，雖然從來沒有違反過校規，但從自習課來看，似乎阿月有什麼心事，於是老師決定找阿月好好談談。

「阿月，妳成績一向不錯，為什麼自從轉來這個學校以後就一落千丈呢？」老師關切的問道。

「嗯……，我也不知道！」阿月欲言又止。

「妳爸爸媽媽特地把妳轉到這個學校，想必就是希望妳的成績能有更大的進步，現在妳卻跟他們的期望背道而馳，豈不是讓妳的父母很失望嗎？」老師語重心長地開導著阿月。

讓老師始料未及的是，這一番話讓阿月的淚水奪眶而出。

「老師，其實我不是不努力，真的，我的壓力太大了！」阿月哽咽地說。

「妳慢慢說！」看到阿月終於肯把心事說出來，老師鬆了一口氣。

「我其實一直很努力，也明白爸爸媽媽的苦心，他們為了給我更好的讀書環境，花了很多心思把我轉到這裡，但是離開一群好同學，我心裡真的很難過。我剛來這裡有很多不適應的地方，我比較習慣在自己的房間看書，不喜歡到圖書館，於是我試圖在寢室裡溫習功課，可是那裡實在太吵了，因為大家都不會在寢室裡讀書。睡前大家經常一起聊天，我是新來的，很難一下子融入這裡的生活，所以我都故意熄燈以後才回宿舍。」

阿月頓了頓接著說：「回去後，躺在床上我一閉上眼睛就不斷地自責，覺得自己沒有好好讀書，於是我就在別人睡覺後拿出手電筒在被子裡溫習功課，每天都到很晚才睡覺。我也試過早點睡，但是一躺在床上就開始失眠，腦子裡不是浮現書本，就是爸爸媽媽為我操勞的情景，每天都到凌晨才能入睡，所以上課就會經常打瞌睡，晚自習的時候也常常精神不濟，結果成績真的越來越差了。」阿月說著說著已經是淚流滿面了。

「這些情況妳怎麼不跟爸爸媽媽說呢？」

「我試著跟他們說，可是每次都還沒開始說，他們就拿成績的事情出來罵我不夠認真，次數多了，我也就不想說了，說了他們也不明白，他們根本不願意聽我說下去。就是因為成績越來越差，他們責問我的時候，我常常發脾氣，那其實不是生爸爸媽媽的氣，是生自己的氣，我覺得沒臉見他們。我心裡好難受！真的不是不認真，我想好好努力，也盡了最大的能力去努力了，可是……」

阿月說著低下了頭，淚水依舊撲簌簌地掉下來。

父母都會望子成龍，付出所有心血到孩子身上，供應他們最好的環境和條件，希望孩子能夠瞭解家長的一片苦心努力讀書。可是當孩子的成績不盡如人意的時候，大多數的家長都會責備孩子不夠努力，想想自己為了孩子所付出的一切，便開始「恨鐵不成鋼」，性子急的家長最喜歡數落孩子不夠懂事，不知道父母為他操了多少心，列舉種種事實給孩子看，希望孩子可以明白做家長的一片苦心，從此努力用功，拿出最好的成績回報父母。

而作為孩子似乎也有苦衷，他們總說「我不是不努力」，覺得自己很委屈，成績不好並不單純是不認真而已，可是父母卻不肯聽他們的解釋。

當孩子學業成績退步或者不夠理想的時候，父母不應該靠主觀臆斷認為是孩子不夠用功，更不應該責罵孩子。其實，影響成績的因素有很多，家長應該和孩子多溝通，隨時掌握並瞭解情況，對症下藥。即使真的是因為孩子不夠努力，光靠責備也不一定可以解決問題。

孩子學業成績不夠好很可能是心裡面有什麼事情，比如阿月就是因為不習慣寄宿學校的生活方式，才導致學業成績不如以往。現在很多家長為了孩子傾其所有，盡自己所能為孩子創造讀書環境，這種特殊的照顧和無微不至的關懷，恰恰給孩子造成了沉重的心理壓力。孩子越是希望以優異的學業成績回報父母，反而越加重得失心，一想到功課就更緊張，認為成績不好就是對不起父母的付出，因此根本無法安心讀書。

父母要考慮到孩子的適應能力，就算是大人到了一個新的環境也需要時間去適應，更何況是完全沒有社會經歷的孩子呢？有的孩子早已養成自己的作息時間規律和習慣，到了新的地方、新的環境，也許從小學到中學的變化等等，對於他們來說都是陌生的，都需要重新適應。焦慮感會使孩子一時很難融入到團體之中，可能出現各式各樣的問題，這樣的情況下孩子需要真正的宣洩和安慰，他們要有一個能夠理解自己的人引導他走出困惑，偏偏新環境中很難找到合適的人選。在這個時候，父母最應該做的是詢問孩子的情況，多指導孩子如何適應新環境，鼓勵他們結識新朋友，而不是只對生活噓寒問暖。阿月的父母認為給孩子一個比以前更好的讀書環境，她應該高興，事實上她並不習慣，可是又無法跟父母溝通，得不到情緒宣洩及輔導，以至於新環境的適應進度更慢了，不但成績沒有因為轉學而進步反而還影響了學業。

孩子成績不好也有可能是讀書的習慣和方法上的問題，有些孩子很用功，但成績就是上不去，也許是方法不對。

學習是有階段性的，每一個階段都需要調整不同的學習方法，如果總是按照老方法很可能浪費了時間還考不出好成績。

因此，父母應該多瞭解孩子的情況，向老師諮詢，看看是不是方法上出了問題。

健康快樂的心理也是前提。

如果孩子在一個積極快樂融洽的環境中生活，身心愉悅便是努力學習的條件之一，如果心情不好，自然很難安心學習。

影響心情的原因更是多方面的，阿月有來自父母的壓力，也有不適應環境的困惑，也可能還有其他的原因，父母應該做阿月的心理輔導老師，首先讓她在家中感受到溫暖與輕鬆。

尤其在孩子考試失利以後，更不能一味責備，這樣的結果只會讓原本心靈就脆弱的孩子雪上加霜，使孩子感到不堪負荷；如果父母責備時話語不當，說不定孩子還容易變得自暴自棄或者產生叛逆對立的意識。

總之，孩子學業成績不好，原因很多，父母要多方面瞭解情況，找到解決的方法。

### ❦特質解藥

不要給孩子太過沉重的心理壓力，在有能力的條件下，為孩子創造良好的讀書環境無可厚非，但是不要把「我們為你付出這麼多，你要明白，好好讀書」之類的話掛在嘴邊，更不要在孩子考試失利後抓住這一點反覆責備孩子。

讓孩子不感到孤單，當孩子到了一個新的環境後，要經常和孩子聯繫，鼓勵他們結交新朋友，和孩子多聊聊，傾聽孩子的心聲，為他們製造機會宣洩心裡的苦悶，積極引導孩子儘快適應新的生活。

鼓勵孩子參加體育活動，一方面可以鍛鍊孩子的耐力、爆發力，還可以緩解孩子心理壓力，使身心愉悅。

孩子考試失利不要立即發火，問問孩子是不是有什麼苦衷，如果真的有困擾儘管說出來，父母可以理解。如果孩子確實沒有努力，家長理解的態度也會讓他們意識到自己的錯誤。如果另有原因，家長也可以確實掌握，並和孩子一起尋找解決問題的方法。

儘量避免用分數去評價孩子，告訴他們：「盡力就對了！」不要隨意給孩子設立過高的目標，以免過度打擊孩子的自信心。

告訴孩子只要努力過，所得到的就是最符合實際的目標，也才能夠讓孩子獲得足夠的學習動力。

用欣賞的眼光看孩子，多發現他們的優點，鼓勵他們發揮長處，彌補短處。考試後可以先肯定孩子的成績，再提出不足，希望他們做得更好。想要孩子提高成績，要循序漸進，不要急於求成。

## 3. 別總拿我和別人比

你看老王的兒子真強，直升碩士班。張家女兒真乖，還沒畢業就找到工作了。

眼看小明還有一個學期就要大學畢業了，當然，這個寒假父母談話的重點都聚集在小明畢業以後的發展上面了。

「兒子的英語不是很好，你看看老王的兒子多有出息，英語很好，大二就把託福考過了，現在忙著準備申請出國留學呢。」爸爸開始發話了。

「是啊，現在英語很重要，不管在就業或者繼續深造都很有用，學好英語也可以算是一種技能。可惜小明這孩子就是太懶，從一開始學英語就不喜歡背單字，英語一直是他的弱點呢。」媽媽回答道。

「對啊，當時也沒有發現英語這麼重要，也沒有打算讓他出國深造，不然逼也要逼著他去好好學英語的。」爸爸有些懊惱的說。

「嗯，我們也是沒有幫兒子做好規劃啊！」媽媽答道。「我同事的女兒也挺有出息的，上個學期參加公務員考試，筆試第一名，面試我看高枕無憂嘍！」媽媽羨慕地說道。

「唉……小明太懶了，他對文科的東西不感興趣，懶得去背，不然叫他去試著考一下，那也是蠻好的！」爸爸搖搖頭說。

「這小子文科不好，理科雖然不錯，但是，也沒有特別突出啊。」媽媽回答道。「看看隔壁老劉的兒子，他就是因為物理特別好，直升研究所了。」媽媽繼續說道。

「是啊，小明也沒有什麼專長，現在這年頭，如果有個一技之長的話，找個收入不錯的工作也是沒什麼問題的。」爸爸說。

「不過並不是每個人都可以在某個學科上很突出的，這也需要一些天賦啊。」媽媽回答道。

在這個寒假，他們倆夫妻間最常聽見的就是這種談論，經常拿小明和別人家的孩子比較。

開學的日子如期到來，小明背著背包來到學校，同樣也把找工作的問題帶到了宿舍中。

「小強，回家找工作找的怎麼樣了啊？」到學校的第一天小明就問同寢室的小強。

「唉，別提了！」小強嘆氣回答道。

「怎麼了，上個學期不是說差不多了嗎？」小明問道，「應該沒什麼問題吧！」

小強搖搖頭說：「不但工作八字沒一撇，還被父母數落一頓！」

小明又用肩膀撞了撞小強笑著說。

「怎麼還被你父母數落呢？」小明問道

「唉，他們不是跟我說誰家的兒子有多強，就是哪家的女兒有多好的，比來

比去我都無地自容了，最後講到我這裡當然免不了就是數落我一頓啦！」小強說道

「咱們真是難兄難弟啊！」小明感慨地說

「難道你也在家裡被你爸媽拿來跟別人比得一無是處嗎？」小強驚訝的問道。

「是啊，一開始他們是為我將來的出路憂心，後來說著說著就說別人家的孩子怎麼樣怎麼樣，別人家的孩子多好又多好，我也成了陪襯了。」小明無奈地說

「我聽了就很氣啊，有什麼好比的，各有各的長處啊！」小強氣呼呼的說

「就是嘛，憑什麼老是拿別人的長處來跟我們的短處比呢，這樣根本一點勝算都沒有。」小明回應道，也流露出了一些氣憤的神色。

「是啊，老是說隔壁鄰居的兒子英語好，可以出國留學，可是他兒子數學爛到不行，經常考不及格。我的數學雖然不是最好的，也是中上水準，更何況從來沒有不及格過！」小強回答道，突然眼神中流露出了一些堅定與自信的目光。

「對啊，我們也有我們的長處啊。」小明說道，「我媽媽說隔壁王叔叔家的女兒成績很優秀，可是她除了讀書還會幹什麼？天天坐在家裡看書，近視眼鏡一

配就是上千度，都快要可以數圈圈了。也不愛做運動，又矮又胖，上課才爬三層樓就累得氣喘吁吁！我雖然成績沒她那麼好，但體育比她強得多，足球、籃球、羽毛球哪樣不會，長跑、短跑、接力比賽通通都可以。」小明自豪的說道。

「對啊，像她們那樣單單是成績好，那學校還要辦什麼體育活動，大家都是書呆子就完蛋了。更進一步來說，要是大家都只會讀書，我們國家還需要訓練什麼運動員參加什麼國際比賽呀。」小強同意的說道。

「更氣人的是，你猜我媽拿我跟一個女生比什麼？」小明問道。

「該不會是比身材吧，哈哈。」小強開玩笑的說。

「唉，差不多。我媽媽說她朋友的女兒長得漂亮，去應聘祕書，經理二話不說就錄取了，要是我長相有出息點就好了，氣死我了。」小明好像受到很大的傷害。

「哈哈，現在不是流行到韓國整型嗎，你叫你老媽掏錢給你整型啊！」小強馬上挖苦他。

「別扯了，整得像麥可傑克森一樣不就完蛋了，以後整天為整型煩惱就夠了，再說，這是老媽原廠出品的，還嫌我！」小明回答道。

「對呀，這種事你老媽怎麼能賴你呢，長相是你老媽給的，要算帳也得找她算帳是吧。」小強靈光一閃。

「對啊，晚上回去找老媽算帳去，哈哈。」小明應和說。

現在，很多父母喜歡將自己的孩子與別人家的孩子作比較。在這過程中，父母心理上的落差便自然而然地產生了。這種情況會發生，完全是因為每個孩子的智力、個性等能力受到外界不同因素影響而造成的。換句話說，就是每個孩子的優勢都與人不同。所以說，不同的孩子之間齊頭式的比較，根本是沒有任何意義的。

然而父母的錯誤行為，總會給孩子留下這樣的印象——感覺父母對自己不滿意，覺得父母總是認為別人家的孩子比自己更好、更優秀。

一些孩子把這種苦悶埋在心底，而有的孩子則會因此認為父母不再愛自己了，因而誘發更加嚴重的問題。為什麼父母的行為和孩子的理解會出現這樣大的落差呢？

從父母這方面來講，一開始會拿別家的孩子跟自家的比較，完全是為了孩子的前途擔憂、焦慮。想起別人家的孩子出人頭地，他們就會順口說出來嘮叨一下，並非有意要針對這件事數落孩子，更沒有想藉由比較來證明自己的孩子不如別人強的意思，更不是瞧不起自家的孩子。

父母親的想法常常過於簡單，而表達方式也是不講技巧太過直接，在讚美其他孩子的優點時，下意識就會想到自己的孩子，拿別人的優點和自己的孩子比較的話語，也就不假思索地說了出來。

不得不承認的是，別人的優點放在自家孩子身上很可能會表現為劣勢，但父母那樣的表達很容易讓孩子產生誤解。總是說自己的孩子不如別人，這種話很直接地打擊孩子的自信心，孩子往往會因此而失去做事的興趣與動力，產生厭煩與憎恨的心理。

更糟的是，一但失去自信，孩子性情可能發生極大變化，漸漸變得越來越自閉，不喜歡和人溝通交流，最後產生各種心理疾病。

從孩子這方面來講，孩子正是血氣方剛、爭強好勝的年齡。聽到這些比較，他們不會考慮父母真正的心思，不假思索地就認為父母是故意數落自己，在他們心裡就是覺得自己不如別人家的孩子，誤以為父母偏心，拿別人的優點來跟自己的缺點比較，十分不公平。這樣，孩子很可能會跟父母鬥氣，強調自己的優勢，強力抗議父母所作的判斷，最終鬧得雙方心情都不好，阻礙了進一步溝通的可能性。

此外，這種不公平的比較，也會促使孩子拿出自己的優點來與別人的缺點比較，覺得自己比別人強，不再有自己需要學習別人優點的意識，因此喪失了改正自身缺點、錯誤的時機，嚴重影響到自身的全面發展，錯失了成長的機會。

## 特質解藥

父母說話時應注意態度和技巧，要考慮到孩子的感受和想法。可以讚美別人家的孩子，但最好不要將他們與自己的孩子進行比較。

著重分析其他孩子如何獲得成功，而不要把他們取得的成果放在首位來說，這樣既可以避免孩子的反感情緒，又能從側面激勵孩子，教授孩子成功之道。

同時拿出自家孩子的優點來說。父母談論其他孩子的時候，一方面向孩子證明大人時刻都在關注他的進步，關愛著孩子的成長；另一方面也可增強孩子的信心，使孩子對生活、學業更加積極。

引導孩子改善自己的不足之處，父母還應利用別人的故事、經歷，來學習別人的優點，培養孩子不斷進取的心態。

## 4. 我有自己的讀書方法

他唸書應該沒有偷懶，但是成績一直不上不下的，難道是唸書的方法出了問題？

再過不到一年的時間小剛就要參加大學基測了，然而此時他的成績依然是表現平平。這種情況對於時時刻刻期盼孩子考上國立大學的父母而言，確實是一個不小的隱憂。所以，無時無刻不為小剛操心的父母，這時便開始絞盡腦汁、想盡辦法試圖幫助孩子在學業成績上達到進步。

「眼看著基測日期一天天的近了，兒子的成績就是沒有進步。如果再沒有起色，那我們的努力可就真的白費了！」媽媽焦急的對爸爸說道。

「是啊！哪個父母不希望自己的孩子考上好大學？誰不知道這對孩子以後事

業的發展會有很大幫助？所以，我覺得在這麼關鍵的時刻，咱們更應該冷靜下來，想想辦法！」爸爸若有所思的說道。

母親喃喃地念道：「平時，我看到的都是兒子在房間溫書，很用功的樣子！說實話，比鄰居那個女兒強多了！唉，他家的小孩只知道玩而已！」

「嗯，你和我的感覺差不多，這說明他唸書應該沒有偷懶，但是成績一直不上不下的，難道是唸書的方法出了什麼問題？」爸爸大膽提出了自己的疑問。

「對啊！我怎麼沒想到呢！」媽媽聽到後恍然大悟，用手拍了一下自己的額頭，「說不定還真的是他溫習的方法出了問題！我常聽人家說，好的方法可以讓你做到事半功倍，那麼反過來說錯誤的方法則會導致你事倍功半，這很符合孩子現在的狀態嘛！」

「說得有道理！我們是沒有好辦法，但這不代表其他人也沒有！我覺得當務之急是應該多出去走走，向別人求教一下，應該可以找到我們需要的答案！」爸爸興奮地說著。

一個月後，小剛的父母坐在客廳裡，手中拿著他們抄來的資料，熱烈地討論著他們的成果。

「我到同事家問了，人家的女兒每天都起的很早，利用上學前的時間記單字，背課文！他女兒告訴我，早上剛起床，腦筋最清醒，因此每天清晨人的記憶能力是最好的，這時如果能夠用來背一些東西，肯定比平時記的更牢！」媽媽首先開口說道。

「嗯，有道理！一年之計在於春，一日之計在於晨嘛！」爸爸同意地點點頭說，「我這裡也有一個，聽朋友說數學之類的科目，一定要重視基礎，因為再難的題目也是由基礎演變而來，這叫萬變不離其宗！他說我一定要把這句話告訴兒子！還說唸英文時，要做到『三到』，就是要眼睛看，嘴裡讀，同時筆也要不停地寫，這樣記憶效率更高！」

「我這裡還有……」媽媽又把話接了過去。

就這樣，兩人你一言我一語地說了很久。最終，他們幫孩子制定了一份詳細的讀書指南，並且要求小剛從今天起就要嚴格按照指南上面所寫方式溫習功課。

自從爸媽的『指南』發到小剛的手裡，他就知道自己的苦難開始了，但父母的話實在不敢違抗，沒辦法，小剛只好被迫實踐這份指南。果不其然，還不到一個月，小剛上課時就開始精神不集中了，整個人變得昏昏沉沉。

這天，阿亮發覺了小剛的異樣，於是關心地問道：「你最近怎麼了，心不在焉的樣子，怎麼老是打瞌睡呢？不會是生病了吧？」

「沒什麼啦，最近都沒睡，所以白天老是打瞌睡！」小剛睡眼惺忪的解釋道。

「你每天回家都在做什麼呢？是不是壓力太大啦！睡覺都睡不好！」阿亮拍著小剛的肩膀說。

「唉……別提了，都是我爸和我媽幫我找來的麻煩！」小剛嘆著氣回答道。

「怎麼啦？是不是他們最近吵架鬥嘴，吵得你沒睡好覺啊？」阿亮納悶地追問。

「沒有啦，他們好得很呢！怎麼可能吵架？他們現在是齊心合力『對付』我

呢！」小剛無奈地搖著頭說。

「對付你幹什麼？你在學校又沒怎樣，也沒惹什麼麻煩啊！」阿亮迫不及待地問道。

「明年不就要考大學了嘛，父母覺得我成績不上不下，但又夢想要我考到國立大學，所以四處尋訪『獨門祕方』，希望幫我的成績趕快進步！因為聽別人說早上記憶力好，所以每天逼著我早起唸書，把我弄成現在這副樣子了！」小剛解釋道。

一聽這話，阿亮激動地拉住小剛的手，說：「咱們真是同病相連啊！我現在『享受』的待遇和你也差不了多少！」

「啊？難道你父母也是這樣逼你唸書的呀？」小剛問道。

「嗯，也不知道我父母從哪裡聽來的，說什麼學英語要多背課文，於是天天監督我背誦課文，我就要被煩死了！」阿亮鬱悶地說。

「唉……我看呀，父母就是瞎操心，搞的我生理時鐘都亂了！現在是睡完覺也睏，睡覺前更睏！其實我覺得我晚上唸書的效率比較好，早上反而感覺迷迷糊糊的，也不知道起來在背什麼！」小剛繼續抱怨。

「是啊，每個人有每個人自己的唸書方法和習慣，有的人就是屬於『夜貓子』型的，到晚上就比較精神，有的是屬於『公雞』型的，早上特別清醒。」阿亮點著頭附和道。

「對啊，你說你父母叫你天天背課文，你背了這一陣子，有進步嗎？」小剛問道。

阿亮想了想，說：「沒什麼感覺，倒是讓我更討厭英語，更不願意學它了，真不如我以前的方法好呢！」

「看來，我們必須找個機會和父母說一下了！他們這樣幫下去，只會是越幫越忙！」小剛托著下巴說道，「不知道你父母好不好說話，反正要說服我爸媽是有相當大的難度的，但沒辦法，也只有試一試了！」

父母和孩子在唸書方法的選擇上有不同的堅持：

首先，父母一味地借鑑別人的方法，沒有考慮到自己孩子的實際情況。

完全照搬別人的方法，這樣做是盲目無知的表現，正如《病梅館記》中所說的一樣：梅本來是「以曲為美」，然而管理者用對待別種花的標準對待梅花——「以直為美」來進行修剪，自然所有的梅花全部被他摧毀了。所以，父母應該在取得別人的經驗之後，透過各種途徑與孩子一同去瞭解、運用這些方法，這樣才能發揮出最好的效果來。

案例中，小剛覺得自己唸書的最佳狀態是在晚上，但自以為是的父母卻偏偏要他早上起來唸書，結果不但造成小剛的唸書效率大大降低，同時還攪亂了他正常的生理時鐘，完全打破了已然形成的規律，如果任由其發展下去的話，那是相當可怕的！

從父母的角度來看，孩子永遠是他們心裡長不大的寶。無論孩子做什麼事，如何做，父母都會認為有欠妥當，同時會積極發揮他們自身的優勢，指揮孩子這樣或是那樣做。需要強調的是，這些行為完全發自於他們內心對孩子的關愛。

但是，從孩子的角度看，這樣不知所措地按照父母的要求做事，很可能導致本來已經培養出來，有點眉目的學習方法再次陷入混亂的境地。同時因為方法不適合，極易促使孩子滋生反感的情緒，而這個階段的孩子或多或少都有些叛逆的傾向，只知道一味的強勢加壓，必然會使孩子產生一些反抗的行為，甚至是偏激的行動。結果往往破壞父母與子女多年辛苦累積起來的感情，摧毀了互相理解、相互溝通的有效管道。

因此，在確定付諸實踐之前要跟孩子做好足夠的溝通，這樣才能選擇最好的方法，才能更快更好地達到父母最初的目的。總之，父母不要盲目去改變孩子的學習方法，應該進行瞭解和溝通以後，對好的學習方法保留，不好的改正。然後，再發現更好的學習方法，這樣一步一步的進行，要步步為營，不能操之過急、揠苗助長。千萬不要去強迫孩子改變學習方法，壓迫必有反抗，必須使孩子認同父母的建議，才會真正徹底去實踐。只有相互溝通理解以後，才能由孩子生活上的「監工」變成一個「推手」，這樣才能產生化學反應，真正實現目標。

## 特質解藥

必須尋求適合的讀書方法。父母可以選擇上網搜尋，或者到書店購買一些關於唸書方法的資料，先對自己找到的學習方法有更全面的瞭解，才能判斷是否適合孩子。如果適合的話，可以教孩子正確地執行；反之，則應毫不猶豫的放棄掉。

父母要與孩子進行溝通，透過平等的商討之後，將其中適用的部份依據孩子的實際情況付諸實行，切記不可強求。

在運用方法的過程中，及時確認孩子的感受，瞭解其效果。記住，適時的調整可以讓父母事半功倍。同時，在這過程中，父母還能夠幫助孩子積極改正以前的錯誤方法，使它變得更適合自己。

# Chapter 7

# 分享孩子成長的煩惱和心情

大學是孩子學會真正獨立的開始，他們可能由於生活方式的突然改變而措手不及，當所有的事情都需要自己處理的時候，整天標榜自己多麼有主見的他們開始覺得彷徨和無助，此時的父母需要放手但決不是放任自流。有人說，愛情就像放風箏，教育孩子也是同樣的道理，拽得太緊，他們缺少自由，永遠飛不高；完全鬆手，總有一天會斷線，不知漂向何方。父母就是那個放風箏的人，拿捏好分寸，就會讓風箏越飛越高。

# 1. 心目中的象牙塔

一個月漫長的等待終於走到了盡頭！明天就是大學報到的日子了！馬上就要進入自己夢想中的校園，小迪心裏激動不已。回想起高中所度過的「痛苦」三年，她長吁了一口氣，「總算結束了！」

晚飯時，小迪壓抑不住自己的興奮，開始滔滔不絕的對父母談起自己對大學生活是如何的嚮往，今後她將怎樣度過四年的大學生活！

「嗯……聽同學說，大學裏有很多社團！我都要報名參加！三年的高中生活都快把人給逼瘋了，每天除了看書就是看書，即使有活動那也是為學弟學妹們安排的，我們基本上沾不到邊！這次我一定要好好的補償一下！」小迪用無庸置疑的語氣說道，「我的舞跳的也不錯，歌唱的也好，而且還會拉小提琴……哈哈，

總算有我嶄露才華的機會了！」

爸爸和媽媽在旁邊聽著孩子「胡言亂語」，笑著沒有作聲。

「爸爸，你怎麼不發表意見啊？」小迪努著嘴，撒起嬌來，「您說，我想得好不好嘛？」

「說實話，大學哪裡有妳說的那麼簡單？」媽媽戳了孩子的額頭一下，「是，大學生活的確豐富多彩！有各種活動可以參加，給妳機會展現自己的才能！從這一點來說，大學可以豐富妳的閱歷！但不要忘記噢！妳上大學的目的究竟是什麼！千萬不要偏移了自己的目標！」

「知道了！」小迪聽見媽媽又開始說教了，覺得有點不耐煩。

爸爸轉過頭，笑著對媽媽說：「又不耐煩了！我猜這次的說教起不了什麼作用，還是讓她自己去體會吧！」

懷揣著對未來的期待，小迪登上了長途大巴士。大學生活也從這一刻真正開始了！

大學裏的一切事物似乎對新同學都充滿了吸引力，小迪自然也不能例外，開始不由自主的幻想起自己美妙的大學時光。

晚上，小迪和她新結識的幾個朋友尋著路標，找到了學校社團迎新的地方。一波一波的新生快速的穿梭於各個帳篷之間。一些老社員也會主動跑過去，將他們精心設計的宣傳單塞到新生的手裏。

小迪瘋狂的開始報名，一下子便加入了其中的七個社團。

本以為，自己大展才華的時刻到了，但在隨後的日子裏小迪漸漸開始懷疑起自己當初的決定。

正式上課前，小迪發現大學的課程其實並不比高中的少，只是不再像高中那樣，天天有老師和父母在身邊督促。但即使只是少了這層束縛，小迪也感覺萬分輕鬆。再加上暑假玩心未收，所以無論是課上還是課下，小迪和同學討論最多的

問題就是「哪裡有好玩的?」

剛開始，大家還能全員到齊。可時間一長，小迪周圍聚攏的人就越來越少了。因為他們還有更重要的事情要處理，那就是學習。

而小迪每每看見這些同學抱著一摞書進出圖書館，都會抱怨加不屑的說道：「都上大學了，怎麼還跟高中生一樣，天天就只知道K書！一點生活情趣都不懂！」

正是由於小迪很多時候心思都沒有放在學習上，以致學校的期中考中有兩門課不及格。

這對於一向自信滿滿的小迪來說，無疑於是個沉痛的打擊。想起媽媽當初的一席話，小迪拿起電話撥通了家裏的電話號碼。

聽見媽媽的聲音，小迪忍不住哭了出來，斷斷續續的將自己這段時間的生活告訴了媽媽。

電話裏，媽媽一絲抱怨都沒有，反而笑著安慰起孩子：「不及格這倒沒什麼，只要妳明白了『真正的大學生活是什麼樣的』就好啦！呵呵……不要哭了，媽媽

又沒有責備妳！妳呀，就是單純！什麼問題都被妳看得特別簡單！」

「嗯……」小迪抽噎的說，「一直以為考上大學就輕鬆了！現在感覺自己當初的這個想法真的很傻！我以後一定用功讀書，我再也不貪玩了！」

「娛樂也少不得！只要避開『貪』字，就沒問題了。」媽媽開玩笑的說道，「學玩兩不誤，才是人生的至高境界嘛！」

## 特質解藥

剛進入大學時，孩子的腦子裏總會對大學這個即熟悉又陌生的地方充滿了好奇。畢竟大學是個小社會，裏面包含著太多的誘惑。

所以，作為父母，最好在孩子去大學之前，根據自己當初讀大學時的經驗和生活，以朋友和過來人的身份跟他們好好的談一次話，讓他們對大學有一個初步的瞭解。

同時，孩子既然上大學了，父母就不能再像中學那樣，將主要的精力發在孩子的學習上，而應更加關注孩子的心理。因為，此時的孩子對學習已不再像以前那樣拼命刻苦，而有更多的時間去想去做其他的事情。所以，父母應找機會和孩子多談心，幫助他們克服可能產生的心理空虛。

# 2. 紋身

週末玉嬌放假回家，爸爸媽媽特地早早起床到菜市場買菜，準備給女兒做一頓豐盛的午餐。買菜回來，爸爸一開門就聽見玉嬌的房間裏傳來吵吵鬧鬧的聲音，不像是吵架，倒像是幾個好朋友在商量什麼事情產生了爭議。

「玉嬌，妳就跟妳爸爸媽媽說，妳那些紋身圖案是貼上去的！」

「那怎麼行？」

「怎麼不行啊？現在那種紋身貼紙很流行，妳爸爸媽媽應該不會連那個也不讓妳玩，他們平時不是很開明的嗎？」

「可是我爸媽也沒那麼笨，一天兩天發現不了，但紋身可是永久的，總有一天會發現的。」

爸爸媽媽聽到這裏，心裏有些生氣，難道一向乖巧的女兒會不跟父母商量就跑去紋身？

「那妳到底要不要去嘛？」

「我覺得我還是跟我爸媽商量一下，先斬後奏總是不太妥當！」

爸爸媽媽稍稍鬆了口氣，繼續「鬼鬼祟祟」的偷聽女兒和同學的對話。

「那我們可要先去了，我覺得那個玫瑰的紋身圖案非常漂亮，多酷啊！」

「是啊，紋身以後我們就拜把子，來個校園四姐妹，從此成為風雲四美女，哈哈哈……」

「玉嬌，快點做決定啊？到時一起去，多好啊！」

「咳，咳，咳……」

爸爸忍不住咳嗽了幾聲，嚇得她們趕快退後幾步。

「爸，您回來了？」

「哦，我和媽媽剛回來，妳們在做什麼呢？」爸爸媽媽假裝剛剛進門的樣子。

「妳們回來怎麼一點聲音都沒有？」玉嬌警覺的問。

「不是咳嗽了，怎麼會沒聲音呢？哈哈，妳們幾個在討論什麼呢？就聽見嘰嘰喳喳的。」

「沒什麼，叔叔阿姨，我們先回去了，改天再來！」三個死黨看見玉嬌的爸爸媽媽回來了，趕快一溜煙的走了。

爸爸媽媽假裝什麼都沒有聽見的模樣，高高興興的開始準備午餐，玉嬌多少有些放心，回到房間考慮怎麼向爸爸媽媽開口說紋身的事情。

爸爸媽媽在廚房也一起悄悄的開始商量和女兒談話的方法，怎麼跟女兒談紋身的事情呢？

在餐桌上，爸爸笑著說：「玉嬌，其實今天你們的談話爸爸媽媽都聽到了！」

「啊？」玉嬌驚訝的看著爸爸，接著立刻低下頭試圖逃避爸爸的目光。

「妳別怕，爸爸又沒責怪你！」媽媽也笑笑的說。

「今天爸爸媽媽聽到妳說不應該先斬後奏，要跟我們商量的時候，就覺得自己女兒做對了，沒有讓我擔心，值得爸爸媽媽信任！」

「是啊，我們倆心裏都樂著呢！寶貝女兒沒把爸爸媽媽當兇神惡煞，有事情就想應先跟爸爸媽媽溝通，讓我們覺得很欣慰。」

「真的啊？」玉嬌還是有些半信半疑。

「是真的，我們說的都是心裏話，現在爸爸媽媽也很想聽聽妳的心裏話，為什麼有想紋身的想法呢？」爸爸依舊面帶微笑的問女兒。

「其實就覺得很酷，我們四個人的關係很好，想大家紋一樣的圖案，夏天穿漂亮衣服的時候露出來，走在學校裏面也蠻威風的，呵呵！」

「還有嗎？」

「沒了，就只是這樣了，你們剛才也聽到了，只是我又覺得紋身好像會給人不好的觀感，還怕爸爸媽媽反對，所以有點猶豫。」

「爸爸能理解妳們的想法的，爸爸年輕的時候也有過這種念頭，和妳的目的也一樣。我和媽媽不會強迫妳聽我們的，但是我覺得我們作為家長有義務提醒妳做事情要考慮周全。」

「是啊！爸爸說得對，媽媽認為妳們幾個好朋友若真的想要去紋身，首先要先瞭解一些相關的知識才行，考慮清楚自己紋身的目的，有沒有必要在自己身上

留下一個永久性的痕跡。」

玉嬙若有所思的看著爸爸媽媽。

「雖然紋身現在已經不是一種禁忌，也不像電影影片中那種只有兇殘毒辣或者在社會上鬼混的人才會去紋身，很多人會因各種不同的需求而去紋身，甚至有些地方已經被視為一種文化了。不過，妳紋身之前也要考慮清楚為什麼要紋身？妳對紋身文化瞭解多少呢？」

「媽媽是做醫生的，知道其實紋身也是一種小手術，有它所存在的風險，而且想要去掉不要可不是一件容易的事。如果紋身不當還會產生很多皮膚疾病和血液感染的疾病，紋身後不注意衛生也會產生一連串的問題。」

「真的啊？我以為就只是扎上幾針就可以了呢？」玉嬙有些害怕了。

「總之，吃過飯我們上網去查一些關於紋身的資料和醫療常識，叫妳的朋友一起過來看，到時你們都充分瞭解了，如果還願意去紋身，爸爸媽媽是不會阻止的，妳們都長大了，有自己做主的權力，爸爸媽媽只會給妳們提供一些參考的意見和幫助，相信妳們都會做出正確的決定。」

晚上四個朋友和玉嬌的爸爸媽媽一起嘰嘰喳喳的探討起紋身，發現紋身的歷史居然那麼久遠，學到了很多知識，也瞭解很多關於紋身的常識，不過最後四個朋友還是決定放棄玫瑰紋身了。

「看來我們目前都還不是能深刻的理解紋身的藝術，只是一時追求時髦而已。」

「最主要的是我怕疼！」

「我覺得我可以先買張紋身貼紙嘗試一下。」

「是啊！明天給妳買個小猴子，貼在妳的胳膊上，哈哈哈……」

看著孩子們開心的笑，爸爸媽媽覺得自己的引導很成功。

## 特質解藥

孩子們總是很容易接受新鮮的事物，很多時候他們只是一味的去接納，卻不能透徹的看待問題，分不清哪些是應該汲取的，哪些是應該拋棄的。他們看到紋身，可能不會想要去瞭解紋身的歷史和文化，不會因此而產生紋身的渴求，而往往只是看到紋身後的張揚和潮流的一面，從而產生了衝動。如果不加以引導，孩子極有可能因紋身而帶給孩子不良的影響。因此，父母遇事不能強迫孩子接受自己的觀點，而要告訴他們相關的知識，相信孩子會做出令家長滿意的決定。

# 3. 我的室友

甄芳剛剛進入大學，所有的一切都讓她欣喜若狂，生活和之前有了很大的不同，可是煩惱也開始接踵而來。

休假回家甄芳開始在飯桌上跟媽媽抱怨：

「媽媽，住宿舍不好，太麻煩了！」

「剛剛上學的時候不是還說喜歡過團體生活，再也不用聽我嘮叨了嗎？」媽媽笑著說。

「剛開始還好啦，彼此接觸的少，沒發現別人的問題，直到現在才覺得，唉，還是媽媽好！」

甄芳很無奈的歎了口氣。

「那妳說說看？」

「莉青睡覺時間太晚，是個十足的夜貓子，動作又大，每次都會發出聲響吵醒我，慧英喜歡煲電話粥，聽得我都覺得肉麻，美蘭又太不愛說話，每次跟她講笑話，自己都已經快笑到不行了，美蘭居然沒有半點反應，讓我覺得非常掃興！」

甄芳數落起室友來，滔滔不絕。

「每個人都有自己的習慣和性格，這一點都不奇怪！」媽媽輕描淡寫的說。

「可是對立的情緒都越來越嚴重了，我有時真的忍耐不下去，就會大發脾氣，唉，都開始吵架了。」

「什麼，就為這些小事跟室友吵架？」媽媽有些驚訝。

「是啊，忍不住了就要說出來嘛！幹嘛要忍受她們？」甄芳覺得自己一點錯都沒有。

「甄芳，媽媽覺得妳這樣做不好，其實住宿舍就是對妳的一種考驗，妳要學會如何與別人相處！」

甄芳有點不耐煩了，「媽媽，您又來了！」

「甄芳，妳有沒有想過自己有什麼缺點，比如心直口快，這在無意中會傷害別人的，還有妳有早起晨運的習慣，是不是也可能打攪到那些還沒起床的同學呢？」媽媽提醒道。

「也是有可能啦，可是她們都沒跟我說啊？」

「人家沒說並不代表就沒有意見，而是可能她們懂得如何去寬容忍讓，相互理解，適應別人。」

甄芳若有所思的停下來，開始接受媽媽的開導了。

「妳的室友們來自於不同的地方，因此生活習慣和性格也都有些個別差別，這就需要妳們彼此互相理解磨合，這樣才能融洽相處。妳以後走入社會，也是同樣的道理，要不斷的去適應新生活，不能寄希望於生活去適應妳，明白嗎？」

「媽媽，您這麼一說，想想其實大家也沒什麼大問題，都只是一些小事情而已，自己確實是太小題大做了。」

「是啊，只要別人打亂了妳的生活，妳就覺得是錯的，其實很多時候大家可

以共同商量怎麼樣做才能儘量的協調起來，很多事情真的沒有妳想的那麼嚴重！」

「莉青雖然不拘小節，不過人還蠻熱情的，喜歡幫助人，慧英溫柔體貼，從不發脾氣，美蘭辦事我最放心，嘿嘿，看來就只有我最不好了，愛發脾氣！」甄芳傻傻的笑了起來。

「只要多想想大家的好，所有的問題不都解決了嗎？」媽媽說著開始收拾碗筷。

「是哦，多謝英明的媽媽開導！」甄芳給媽媽做了個怪怪的鬼臉，「對了，媽媽，您做的果醬很好吃，能不能多給我帶一些，我要拿給我的室友嘗嘗！」

「好，下次休假，邀請她們來家裡做客，讓我也見見你的室友，哈哈……」

## 特質解藥

孩子剛進入大學對周遭的環境都充滿新鮮和好奇，在和室友的相處上也可能會出現問題，大家來自於不同的成長環境，很多人在家都被視為掌上明珠，自然缺乏相互包容，融洽相處的智慧，教會孩子如何和周圍的朋友相處，是父母給孩子上的重要一課，要教會他們適應別人，適應生活，適應社會。一個以自我為中心的人，必然缺乏親和力，很可能在團體生活中被淘汰被孤立，必須學會如何相處才能讓大學的團體生活更加輕鬆與快樂。

## 4. 學會寬容

「氣死我了！」育琪一進門就大發脾氣，把書包重重的摔在了沙發上。

「怎麼了，發這麼大的脾氣？」媽媽聽到聲音從廚房探出頭來。

「從沒見過這樣的人！」育琪坐在沙發上氣呼呼的說，「好人難當，好心幫忙倒成了罪人！」

媽媽一聽覺得事態比較嚴重，趕快坐下來安慰女兒：「哎唷，什麼事情？跟媽媽說，媽媽給妳主持公道。」

「前一段時間，我幫郁棻介紹了一份兼職的工作，她很感激我，不過只是口頭表示，我其實真的不在意，覺得這只是同學間互相幫助而已。前幾天考試我忘記帶筆，她主動借給我用，我心裏感激她，要不是她我都沒法考試了。」

「嗯，這很好啊！同學之間就是要互相幫助。」

「考完試，我們很多同學一起吃便當，交錢時我說郁棻的那份我請了，感謝她借筆給我用。」

「然後呢？這也對呀！同學之間以此表示感謝也沒什麼錯。」

「郁棻看我交錢就說，『不用那麼客氣』，我就開玩笑的說『那怎麼行，滴水之恩當湧泉相報嘛』結果回宿舍的路上，郁棻一句話都沒說。」

媽媽有點納悶了：「郁棻為什麼不開心呢？」

「還不只是不開心呢！」育琪憤憤不平的說：「我和郁棻不住同一個宿舍，所以也不知道她回去後的情況，結果晚上十二點多，她宿舍的同學打電話給我，問我怎麼欺負她了！」

「什麼，妳欺負她了？」媽媽更詫異了。

「哪有？後來我才知道，她回宿舍後哭的很傷心，說我逼她請客，說我請她吃便當是做給別人看的，還說我威脅她，說因為我幫她找了一份兼職的工作，她都沒有表示，所以必須請我吃飯以表謝意！」

「妳還威脅她？」

「蒼天啊，我怎麼會威脅她呢？不就請她吃個便當，以前那件事我真的沒放在心上，哪會故意做給別人看，逼她請客呢？她在宿舍這樣大哭指控，我在同學面前的聲譽一下都破壞了，氣死我了，媽媽妳說是不是好人難當呢？」

「她這樣做確實有點不太對！」

「她還跟宿舍的人說，她是想謝我的，可是家裏窮，沒錢，要不也不會去打工，還說她正準備存了錢請我吃飯呢，結果我就去逼她了，裝作可憐兮兮的樣子，別人都很同情她，讓我以後怎麼見人呢？」

媽媽笑著安慰育琪：「妳先別生氣，媽媽覺得妳確實很委屈！」

「還是媽媽理解我。」育琪一邊說一邊摟著媽媽，眼淚也奪眶而出。

「郁菉這樣做確實很過分，不過妳想過她為什麼會出現這樣的舉動嗎？」

「她就無理取鬧嘛！」

「她是方式不對，但妳應該站在她的立場上好好想一想，她家裏確實貧困這個妳是知道的，她出去打工就是為了補貼生活費，所以肯定經濟上比較緊。妳幫了她，她也表示過感謝，後來又跟妳說明她是真心感激妳的，但是她沒有能力請妳吃飯以表謝意，所以心存愧疚，可能心理也不舒服，當妳遇到困難的時候她就盡力幫妳，可是妳因為沒有想到她的感受無意的說話傷害到了她，敏感的她就認為妳是在逼她請客！」

「是哦，我說完那句『滴水之恩當湧泉相報』那句話後她臉色立刻就變了，雖然我當時看出來了，但也沒多想。」

「所以說，郁棻其實也沒那麼壞，她要是不感謝妳，也不會借妳筆，她可能比較敏感，覺得妳幫了她大忙，卻沒有表示，借妳筆也算是一種回報，可妳是神經大條，傻傻的說話，沒有顧慮到人家的感受，讓她誤會了！」媽媽笑了笑。

「其實，我也發現郁棻很敏感，可能跟家庭有關，偶爾也很自卑。」育琪也覺得媽媽說得有道理。

「郁菉過於敏感，處理方式又很偏激，這固然是她的不對，但是妳不能也跟著不理智啊，既然知道了原因，那就更應該寬容一些，是不是？」

「我當時沒跟她吵，同學問我，我也只是說是場誤會而已，之後我就氣呼呼的回來了，想著同學肯定不理解我，我還準備開學去了找她算帳呢？」

「妳當時忍住衝動是對的，可是找她算帳也不對啊！人要學會寬容，人做錯事都是有原因的，誰也不想去無緣無故去傷害別人，郁菉同樣也是，妳不但不應該責怪她，記恨她，反而應該去幫助她！」

「我覺得我應該找她談談，而且要注意方法，以免誤會更深，要針對她敏感的性格去採取正確的措施，是嗎？」

「對，寬容別人就是讓替對方著想，妳能這樣想媽媽很高興！」

「還是媽媽開導有方嘛！」育琪破涕為笑。

「以後無論走到哪裡都要學會寬容待人，寬容別人也是善待自己，誰沒有犯錯的時候呢？多站在別人的立場上想問題，事情解決起來就真的不一樣了。」

「媽媽說得真好！」育琪依舊摟著媽媽的脖子……

## 特質解藥

教會孩子學會寬容是重要的一課，他們今後無論在哪裡總會和人產生各式各樣的磨擦和誤會，一個心胸狹窄，不夠豁達的孩子很難生存，不但容易使誤會加深還可能傷害自己。就像育琪媽媽說的那樣，寬容別人就是善待自己，誰沒有犯錯誤的時候呢？

# 5. 讓自己更謙虛

自懂事起，嘉欣就是一個不服輸的人，再加上她聰穎過人，所以無論是古琴繪畫，還是唱歌跳舞，都做的十分出色。然而嘉欣最出名、最厲害的，當數她的那副伶牙俐齒。小時候，周圍的鄰居碰見嘉欣的媽媽帶她出去時，都會主動上來逗她兩句，每次嘉欣都毫不示弱，一副小大人的樣子，跟鄰居爭論不休。等她說完了，鄰居都會笑著說：「不得了，不得了！這麼小的孩子就這麼會說話！」

孩子討人喜歡，嘉欣的媽媽當然高興，但看到孩子在爭論問題時那種咄咄逼人的氣勢，不給對手留任何臺階的做法，嘉欣的媽媽隱隱有些擔心。

一轉眼，嘉欣已經考上大學了。開學的第一天，嘉欣的媽媽在嘉欣的臥室裏幫她打點著行李。

嘉欣，一定要和同學好好相處！知道了嗎？」媽媽不無擔心的提醒著嘉欣。

「知道啦！您還不相信我啊？」嘉欣壞笑著盯著媽媽，「我保證不和他們打架，放心了吧？」

「妳這孩子，就沒句正經話，誰說是打架了？」媽媽故意裝作生氣的樣子，「我說的意思妳不明白啊？裝糊塗！」

「我怎麼不明白！是您沒聽懂，我說的『打架』是用這裏的！哈哈……」嘉欣指了指自己的嘴巴，壞笑著說。

一進學校，嘉欣依然是我行我素，無論別人做的對錯與否，她都會毫不掩飾的將自己的想法表露出來，從不拐彎抹角，正是這種直爽坦率的性格，讓她在開學伊始結交了不少新朋友。可是，相處的時間一長，問題、爭執就跟著出現了。

這段時間，學校為豐富新生的課餘生活，特地舉辦了一次辯論賽。因為嘉欣在國中時期就是校隊的風雲人物，這次自然也不能沒有她的身影。可是經歷了預選賽之後，大家發現初賽進入自由辯論時，只有嘉欣一個人不斷的起身與對手交鋒，而其他隊友只能默默的坐在那裏，好像是台下的觀眾。

後來，一位隊員在和朋友吃飯時，才透露了這件事情的真相。起初，隊友們都十分看重這場比賽，賽前更是積極備戰，期望在賽場上打響他們的名氣。預選賽的第一場，大家都發揮的不錯，可是賽後作為三辯的嘉欣，不僅不給隊友打氣，相反還不斷的指責他們哪裡說的不好，準備的不周全，害得她不得不給他們的話補漏洞，說完滿。

大家高漲的熱情，被嘉欣這一盆「冷水」澆了個透心涼。隨後的比賽中，大家的表現也越來越懈怠，一方面是不敢說，怕自己再被嘉欣「數落」，另一方面，也是想為難一下嘉欣，讓她明白沒有團隊的協助，單靠一個人的力量什麼事也做不成。

嘉欣看著賽場上，隊友對她不管不顧，任憑對手輪番對她轟炸，心裏別提有

多難受了。晚上，嘉欣躺在床上怎麼也睡不著，不明白自己到底是哪裡做的不好。凌晨的時候，她穿起外套，一聲不吭的搭上了回家的巴士。

嘉欣的媽媽準備出去晨運，一開門就看見一團黑影蜷縮在走道上。

「啊……」媽媽一聲尖叫，把黑影嚇得竄了起來。「是我，嘉欣！」黑影一邊揉著眼睛一邊說。

「妳怎麼從學校回來了？還睡在家門口！」媽媽受了驚嚇後生氣的說。

「本來是想進去的，可鑰匙忘在宿舍了！那麼晚了又怕影響您休息，就在這裏熬了一夜！」

「怎麼回來的這麼突然？是不是發生什麼事了？」嘉欣的媽媽回過神來，急促的問。

嘉欣一邊攙著媽媽往屋裏走，一邊向她訴說了這段時間所發生的各種讓她不開心的事情。

就在她大聲抱怨自己好心沒好報時，媽媽突然打斷她，問道：「寶貝，妳是不是覺得自己做的很對很好？」

「當然了！」嘉欣自信的說。

媽媽嚴肅的說：「其實媽咪對發生這樣的事早有預感。當初媽咪年輕時和妳現在差不多，總是將自己的聰明視為高人一等，無論做什麼事情都要按我的想法來做，遇到意見不合的人，勢必窮追猛打，直至對方妥協。這樣聽起來好像自己非常厲害，其實真正的情況是四處碰壁，朋友漸少！我也曾迷惑過一段時間，直到在某本雜誌上看到那篇《請收起你的尾巴》的文章，才真正明白自己到底哪裡沒有做好！其實『夾著尾巴』就是做人要謙虛。俗話說『滿招損，謙受益』就是這個道理。拿妳剛才所說的事情來講，大家都已盡力了，出現失誤更是在所難免，妳去幫他們那是妳的責任。難道妳身上就沒有出現這種情況嗎？他們最初難道是袖手旁觀？不要老是把自己的作用誇大，而忽略了別人對妳的幫助！」

嘉欣一會兒聽著媽媽發表長篇大論，一會兒又若有所思的盯著窗外。

「噹……噹……」鐘聲響起。嘉欣一個箭步的衝進浴室以最快的速度漱洗完畢，然後像飛一般的衝出了家門。

「又幹什麼去啊？」媽媽扶著門框，在背後大聲的喊著。

「回學校！晚上的複賽，我要和隊友們提前商量一下對策！您放心吧！這次您說的話我保證記住！」

## 特質解藥

與人相處是一門深奧的學問。在這個過程中，要懂得約束自我，學會瞻前顧後，小心謹慎。自己的弱點和短處應時刻注意，而優點和長處更需謙虛。當然，這些道理對於一直成長在校園中，涉世未深的孩子來說，確實有些陌生。所以，孩子的父母這時的作用就顯得十分重要了。請記住，教會孩子夾著尾巴做人，就會幫他在今後的道路中少遇一些障礙、少碰一些釘子。

# 6. 我的抉擇

到了大學三年級的期末了，同時又是到了大學生得做出抉擇的時刻了，「我要去何方？」是一個浮現在每一個大學生腦海中的問題，同時也是小飛的問題，到底是繼續留在大學中深造呢？還是步入社會工作？本來是已經解決了問題，現在卻成了他的難題。

回想起今年寒假快要結束的時候，小飛已經從過年的喜悅中走了出來，為自己的將來做好了打算。一天晚上，在看完電視節目上樓睡覺前，

他對父母說出了自己的想法，他想要繼續深造，爭取保送繼續攻讀研究生，因此，他要加倍努力學習。聽到兒子的想法以後父母也為兒子有這樣的抱負而感到驕傲，表示全力支持兒子。就這樣，小飛帶著自己的理想，帶著父母的期望回到了學校，開始刻苦學習。

然而，一次沉重的打擊讓小飛迷失了方向，不知道自己該不該繼續走下去了，自己到底要去何方。這次打擊不是來自別人，就是人類靈魂的工程師——一位實驗課的老師，在監考實驗操作考試的時候，由於他的失誤，直接導致小飛成績有誤。也正是這次失誤，使得小飛以些微的分數失去了保送的機會。

又到了週末的晚上，父親的電話也如期而至。

「小飛啊，最近學習怎麼樣啊？保送的事情準備的順利嗎？」電話那邊傳來父親熟悉的聲音。

「嗯……，還好啦！一切都很順利。」小飛猶豫不決的答道。他不知道該不該跟父親說這件事情，但最後還是覺得先不要跟父親說，自己承受就好了，省得父母也跟著操心。

「今天不像你啊，說話閃爍其詞的，有什麼事情嗎？」父親也隱約感覺到有點不對勁。

「沒什麼，你和媽媽的身體都還好吧？」小飛就這樣搪塞了父親。

「嗯，都很好。」父親答道。

和平常一樣，父子兩個聊著家常就結束了這次通話，但是，敏銳的父親還是有些懷疑，私底下跟母親說起了這件事情，最後商量了一下，過兩天再打電話問問吧！如果真有事情讓小飛自己先考慮一下，看自己能不能解決。

過了兩天，父親又打電話來了，跟小飛聊了幾句，覺得小飛還是有些緊張，就直接發問了：「小飛，你是不是有什麼事情瞞著我，在學校是不是發生什麼事情了？」

「嗯……，我有門實驗沒及格。」小飛覺得父親發覺了，也沒有必要隱瞞了，就把事情說了出來。

「哦，這沒什麼大不了的啊，你以前也不曾有過不及格的，這次有也很正常，也彌補了你大學沒有不及格的空白嘛！」父親略帶幽默的安慰著小飛。

「其實，不是我沒有能力考及格，而是老師的失誤，正是老師的失誤讓我喪失了保送讀研究生的機會，事實已不可改變了。」小飛一五一十的說了出來。

「是這樣啊！那你有其他的想法嗎？」父親說道。

「我不知道自己該怎麼辦？」小飛沒了主意，整個人都喪失了鬥志。

「你不能因為一次小小的挫折就迷失方向啊？究竟自己要去何方，你自己得好好考慮考慮。爸爸等你的電話。」父親說完掛掉了電話。

小飛陷入了深深的思考之中，他一遍又一遍的告訴自己，不能就這樣消沉下去，自己的實力並不差，幹嘛不自己試著參加考試繼續深造呢？

小飛堅定的拿起電話，撥通了家裏的電話號碼。

「爸爸，我知道我該怎麼辦了，我決定參加考試，自己再次爭取深造的機會。」小飛說。

「你要記住，不要拿別人的錯誤來懲罰自己，你要做你自己，你要堅定自己的信念，堅持自己的理想。」父親意味深長地說。

「是啊！我為什麼要為一個小挫折而煩惱呢？我不應該輕易的就迷失方向，

放棄自己的理想啊！」小飛恍然大悟的說。

從此以後，小飛又重新燃起鬥志，為自己的理想而奮鬥，在自己進入研究所的道路上繼續前進。

## 特質解藥

孩子成長的過程中難免會遇到這樣或那樣的挫折，當孩子因為這些挫折而為自己的將來迷茫的時候，父母應該儘快的站出來，給孩子勇氣和信心，教會他們排除外界的干擾，為自己的理想和信念繼續奮鬥。敢問路在何方，路就會在自己腳下！

# 7. 我們要結婚

怡珍大學一年級了，休假回家帶了一個斯文帥氣的男生，爸爸媽媽熱情的招呼著孩子的新朋友。

「爸爸媽媽，他是我的男朋友，名字叫做承恩。」怡珍很自然的介紹著身邊的男生。

「阿姨叔叔好！」承恩很有禮貌，但看得出來很拘謹。

爸爸媽媽先是一驚，但還是平靜的應聲說好。

「怡珍你們是什麼時候認識的，怎麼沒聽你提起過呢？」媽媽笑著問。

「不就想給你們一個驚喜嘛！認識兩個月了。」

四個人寒暄了幾句，爸爸媽媽對承恩的家庭背景也有了一個初步的瞭解。承恩是單親家庭，父親很早就因病過世了，媽媽含辛茹苦帶大承恩，承恩也很懂事，勤快孝順，樂觀上進。也可能正是承恩身上的這些優點吸引了怡珍，因此怡珍的爸爸媽媽也很喜歡承恩。

大家聊著正高興的時候，怡珍突然說：「爸媽我今天回來想跟您們商量一件事。」

「知道了，不就是有了新男朋友嘛！哈哈……」爸爸笑著說。

「還有，嗯……，我們要結婚！」

這一句話讓爸爸媽媽半天說不出話來，沒想到女兒突然帶個男朋友回來不說，居然突然說要結婚，這讓爸爸媽媽一下子亂了方寸。

「不行不行，你這孩子怎麼這麼不懂事，你們才認識幾天啊，互相瞭解嗎？這就想結婚了？」媽媽一下著急了。

「怎麼會不瞭解呢，剛才您和爸爸不也全瞭解了，還說喜歡承恩。」怡珍辯解道。

「叔叔阿姨，我們這兩個月經常在一起，彼此都覺得很合得來。」承恩聲音很低地附和著怡珍。

「妳不打聲招呼就帶個男孩子回來，要不是看承恩還像個好孩子，我們非得好好教訓妳不可，這下子可好了，得寸進尺，還說要結婚，妳眼裏到底還有沒有爸爸媽媽啊？」

「結婚是我們倆的事，我是尊重您和爸爸才回來說一聲的！這樣就得寸進尺了？」女兒不甘示弱。

眼看著越演越烈的爭執，爸爸坐不住了，「好了，你們別吵了，坐下來好好說，媽媽去做飯，承恩第一次來，快去準備飯菜，我來跟兩個孩子談談。」

媽媽很不情願，在爸爸的一番示意下，終於進了廚房。

爸爸看媽媽進了廚房，語重心長的說：「你們兩個不要怪媽媽，媽媽也是一時著急，為你們好。」

爸爸接著說：「爸爸看得出來，你們兩個很相愛，在這認識的這兩個月的時間裏確實也有了初步的瞭解，但是結婚和戀愛是不同的，戀愛有的是浪漫，但結婚可是要面對各種不同的生活壓力，它涉及到很多現實的東西，你們準備好了嗎？」

「有什麼好準備的？」怡珍自己嘀咕著。

「首先，你們的成長環境不同，可能習慣思維都會有差異，這需要很長的磨合時間，如果不能好好的遷就適應對方，一旦結婚在一起了就會發生很多爭執；其次，雖然爸爸不是什麼拜金主義者，但是經濟確實是婚姻的基礎，沒有經濟作為後盾，婚姻一開始可能還可以靠感情來維持，但是經濟問題若處理不好，一定會影響到你們的婚姻，你們還在求學，各方面都還不成熟，要處理好這些關係也很難，這也是爸爸比較擔憂的地方。」

怡珍和承恩聽了爸爸這番話後，覺得確實有道理，都沒有說話，只是在默默的想著什麼。

「最後一點也是最重要的，結婚就意味著責任，你們結婚後必須為對方負責，你們準備好了嗎？怡珍是我的女兒，承恩如果有一天傷害了她，我絕不容許。承恩是個好孩子，沒有父親，我作為一個父親同樣不想看到承恩被怡珍傷害，因此，爸爸媽媽之所以反對你們現在結婚，是因為擔心你們，愛你們，所以希望你們能慎重考慮！」

爸爸的話說完好久怡珍和承恩都沒有說話。

「雖然你們不說話，不表態，但爸爸覺得你們還是認真的聽了，爸爸媽媽都很喜歡承恩，我希望你們現在好好相處，勤奮學習，不斷的充實自己，有一天你們在經濟上、心理上都做好了足夠的準備，爸爸媽媽一定會把最美的祝福送給你們！」

「爸爸！」怡珍早已是淚流滿面。

怡珍和承恩對視了一下，怡珍說：「可能我們太衝動了！」

一場風波平息了，爸爸鬆了一口氣。

媽媽在廚房早已聽到了爸爸和孩子們的談話，心也放了下來。

「承恩，怡珍，快來吃飯了，看媽媽給你們做了什麼好吃的？」媽媽招呼道。

怡珍破涕為笑，「承恩，走，嘗嘗媽媽做的拿手菜，非常好吃喔！」

……

## 特質解藥

二十歲左右的孩子是衝動的，感性的，他們可能對愛情、對婚姻並不能瞭解的那麼透徹，他們會心血來潮的去做一件自以為很成熟的事情，但卻不考慮後果。父母要尊重孩子，理解孩子，告訴他們將來所要面臨的東西並不是那麼簡單，相信自己的孩子可以做出最正確的判斷和選擇。

# 孩子的成長只有一次：
## 別錯過孩子成長的34件事

雅致風靡　典藏文化

親愛的顧客您好，感謝您購買這本書。即日起，填寫讀者回函卡寄回至本公司，我們每月將抽出一百名回函讀者，寄出精美禮物並享有生日當月購書優惠！想知道更多更即時的消息，歡迎加入"永續圖書粉絲團"您也可以選擇傳真、掃描或用本公司準備的免郵回函寄回，謝謝。

傳真電話：（02）8647-3660　　電子信箱：yungjiuh@ms45.hinet.net

| | |
|---|---|
| 姓名： | 性別：　□男　□女 |
| 出生日期：　年　月　日 | 電話： |
| 學歷： | 職業： |
| E-mail： | |
| 地址：□□□ | |
| 從何處購買此書： | 購買金額：　元 |
| 購買本書動機：□封面 □書名 □排版 □內容 □作者 □偶然衝動 | |
| 你對本書的意見：<br>內容：□滿意□尚可□待改進　編輯：□滿意□尚可□待改進<br>封面：□滿意□尚可□待改進　定價：□滿意□尚可□待改進 | |
| 其他建議： | |

剪下後傳真、掃描或寄回至「22103新北市汐止區大同路3段194號9樓之1雅典文化收」

您可以使用以下方式將回函寄回。

您的回覆，是我們進步的最大動力，謝謝。

① 使用本公司準備的免郵回函寄回。

② 傳真電話：（02）8647-3660

③ 掃描圖檔寄到電子信箱：

yungjiuh@ms45.hinet.net

沿此線對折後寄回，謝謝。

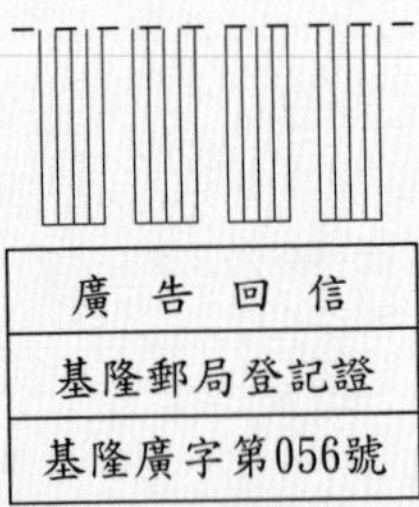


221-03

**雅典文化事業有限公司　收**

新北市汐止區大同路三段194號9樓之1

雅致風靡　典藏文化

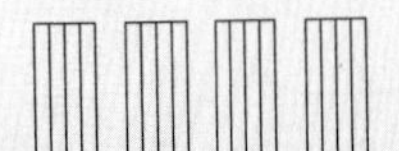